oekom

WOLFGANG SCHMIDBAUER

DIE KUNST DER REPARATUR

EIN ESSAY

Klimaneutral
Verlag
ClimatePartner.com/53585-1805-1001

Bibliografische Information der Deutschen Nationalbibliothek:
Die Deutsche Nationalbibliothek verzeichnet diese Publikation in der Deutschen Nationalbibliografie; detaillierte bibliografische Daten sind im Internet über http://dnb.d-nb.de abrufbar.

oekom verlag, Gesellschaft für ökologische Kommunikation mbH
Waltherstraße 29, 80337 München

Umschlaggestaltung: www.buero-jorge-schmidt.de

Typografie und Satz: Tobias Wantzen, Bremen
Korrektorat: Maike Specht
Lektorat: Ute Scheub
Druck: GGP Media GmbH

Printed in Germany

ISBN 978-3-96238-183-7

MIX
Papier aus verantwortungsvollen Quellen
FSC® C014496
FSC
www.fsc.org

INHALT

EINLEITUNG

Wer kleine Kinder beobachtet, erkennt schnell die Macht der Funktionslust – sie sind hundertmal leidenschaftlicher als Erwachsene dabei, alles, was sie können, auch zu üben. Normalerweise weckt, was anders ist als das Gewohnte, Neugier. Es setzt einen schöpferischen Prozess in Gang.

»Kluge« Dinge kommen uns bei diesem Prozess entgegen, »dumme« blockieren uns. In einem Buch über »dumme Dinge« habe ich dieses Thema nicht nur aus ökonomischer, sondern auch aus psychologischer Sicht verfolgt.[1] Dumm ist ein Ding, von dessen Funktionsstörungen wir nichts lernen können. Denn der Kontrast zwischen Funktionieren und Nichtfunktionieren kann die Aufmerksamkeit fesseln. Er wird die Beziehung zu einem Gegenstand im guten Fall vertiefen, im schlechten Fall dazu führen, dass das Interesse verloren geht.

In seinem schönen Buch über *Die Kultur der Reparatur* beschreibt Wolfgang Heckel seinen ersten Reparaturversuch an einem defekten Radio.[2] Er zerlegte es als Fünfjähriger mithilfe der Werkzeuge, die er bei seinem Vater gefunden hatte, konnte es nachher zu seinem Leidwesen nicht mehr zusammenbauen und entdeckte bei dieser Gelegenheit die faszinierende Fähigkeit des Magneten an der Rückseite des Lautsprechers, Eisen festzuhalten. Dieser Fünfjährige studierte später Physik und wurde Direktor des Deutschen Museums in München. Seine Eltern haben diese Aktion nicht getadelt, sondern sich über den Forschergeist ihres Sohnes gefreut.

Dieses Radio war also ein kluges Ding, ebenso wie der kaputte Wecker, den mir meine niederbayerischen Großeltern zu jenem wunderbaren Spiel schenkten, das sie *ztrifeln* nannten – auf Hochdeutsch wohl *zerlegen*. Auch ich konnte den Wecker zwar zerlegen, aber nicht wieder zusammenbauen. Auf dem Weg gewann ich einen Kreisel aus der ausgebauten Unruhe und ein faszinierend schnell laufendes Räderwerk, das den Weckerklöppel zucken ließ wie ein verletztes Insekt.

Jahrhundertelang war es für die Menschen völlig selbstverständlich, alles zu erforschen, was ihnen in die Hände kam. Die Jäger und Sammler der Altsteinzeit überlebten nicht, weil sie gute Waffen hatten, sondern weil sie eifrig forschten. So fand der Ornithologe Ernst Mayr heraus, als er als junger Forscher einige Monate mit einem Stamm von Jägern und Sammlern auf Neu-Guinea zusammenlebte, dass diese 136 Bezeichnungen für die Vogelarten in ihrem Gebiet kannten. Der Wissenschaftler zählte 137 Arten. Kein Zufall, erläutert Mayr – die Waldmenschen müssen zu denselben Schlüssen kommen wie die Taxonomen in den Museen, weil sie ebenso gut wie diese die Natur beobachten.[3] Aber wie viele Vogelarten kennt der durchschnittliche Großstädter?

Was Homo sapiens in den frühen Phasen seiner Entwicklung auszeichnete, war sein Wissen, seine reichen Kenntnisse über Pflanzen und Tiere, das Spurenlesen, die Fähigkeit, sich von Bienen zu ihren Honigwaben führen zu lassen und aus verwelkten Blättern zu schließen, wo nahrhafte Knollen in der Erde liegen.

Die Kultur der Reparatur, von der Heckel spricht, ist viel älter als die Zivilisation. Vor der modernen Konsumgesellschaft war es selbstverständlich, Dinge neugierig auseinanderzunehmen, sie zu erforschen und sie den eigenen Bedürfnissen anzupassen. Ohne diese Haltung gäbe es die technische Entwicklung nicht. Wenn etwas nicht funktionierte, wurde es zerlegt, erforscht, verändert und neu zusammengesetzt. Aus diesen ständigen Verbesserungen wuchs der technische Fortschritt, bis er eine kritische Grenze erreichte und die Handwerker-Techniker den Fabrikanten und später den Marketingexperten und Designern weichen mussten.

Einer von ihnen, Brooks Stevens, prägte den Begriff des geplanten Veraltens *(planned obsolescence)*, freilich nicht in dem Sinn, den er später gewinnen sollte: durch Verunmöglichung von Reparaturen Kunden zu zwingen, neue Produkte zu kaufen. Brooks Stevens ging es erst einmal darum, nicht ein einzelnes Produkt zu planen, sondern eine Serie, von der jede Generation so gestaltet sein solle, dass der Kunde verführt werde, das neue Produkt etwas früher zu kaufen als nötig.

Dass dieser Prozess durch Reparaturfeindlichkeit wirkungsvoller gestaltet werden kann, liegt nahe und wird brutal umgesetzt. Deshalb werden heute möglichst viele Elektrogeräte mit Akkus betrieben. Ein Rasierapparat mit unverwüstlichem Schwinganker-motor für 220 Volt erinnert den Kunden viel zu spät daran, dass er einen neuen braucht.

Wenn Konzerne wie Apple heute behaupten, Umwelt und Wiederverwertung lägen ihnen am Herzen, lügen sie schamlos. Das erfährt jeder Kunde, der die Entwicklung zu immer unzugänglicheren Gehäusen, tückischen Verlangsamungen, abgewürgter Ersatzteilproduktion und nicht mehr austauschbaren Batterien verfolgt.[4]

Inzwischen wächst die Gegenbewegung. Sie ist freilich noch zu schwach, um den Gesetzgeber zu zwingen, das längst Notwendige zu tun: Rücknahmepflicht für alle Geräte durch die Produzenten und eine energische CO_2-Steuer, durch die Rohstoffverschwendung und Billigproduktion erschwert werden. Die Menschheit hat die Welt eng gemacht. Sie wird nicht überleben, wenn sie die Verschwendung und die Entsorgungslast beim Steuerzahler weiterhin toleriert, während der Unternehmer mit seinem Gewinn durch eine geschickte Verschachtelung des Konzerns das Weite sucht.

Im 19. Jahrhundert mag der freie Markt ein kreatives Werkzeug gewesen sein. Solange es viele freie Räume gab, den Wilden Westen, den undurchdringlichen Dschungel, die unerschöpflich fischreichen Weiten der Meere, konnten die Grenzen jedes einseitigen Wachstums verleugnet werden. Die Vergangenheit lässt sich nicht verändern, aber die Zukunft nur bewahren, wenn die Grenzen des Planeten respektiert werden, von denen die Wirtschaftsphilosophen des 19. Jahrhunderts bereits hätten wissen können, aber noch nicht wissen mussten.

Meines Wissens waren es die Holländer, schon immer gezwungen, möglichst viel aus möglichst wenig zu machen, die nach der Jahrtausendwende die Repair-Cafés erfanden. In Deutschland hat sich die (An)Stiftung von Jens Mittelsten Scheid der Reparaturbewegung angenommen.[5] 2014 gab es in Deutschland 40 Repair-Cafés, 2019 waren es schon mehr als 1000 (wo das nächste ist, erfährt man auf einer Internetseite: reparatur-initiativen.de).

2003 gründeten zwei Studenten in Kalifornien *iFixit* – einen Webführer durch das Dickicht verlorener oder niemals ausgehändigter Reparaturanleitungen. Sie hatten sich geärgert, dass sie nirgends eine Bauanleitung für einen kaputten Rechner fanden. Die Anleitungen sind kostenlos, die Firma verdient ihr Geld mit dem Verkauf von Spezialwerkzeug und Ersatzteilen. Denn viele moderne Geräte lassen sich nicht mit normalen Werkzeugen öffnen; die Schrauben haben bizarre Vertiefungen. Durch einen handelsüblichen Bit-Satz können sie nur verdorben werden.

Als das Auto auf den Markt kam, wurde es so wenigen Regulierungen unterworfen wie im 19. Jahrhundert das Opium. Sicherheitsgurte, gereinigte Abgase – alles wurde erst eingeführt, als die Schäden dokumentiert waren, gegen hinhaltenden Widerstand.

Der *Clean Air Act* in den USA wurde Anfang 1970 in Kalifornien wegen des heftigen Sommersmogs erlassen. Er orientierte sich in Teilen an dem gleichnamigen Gesetz in London, das schon 1956 den Smog in der britischen Hauptstadt bekämpfen sollte.

Eine spezifische Qualität dieses Gesetzes hat der VW-Konzern zu spüren bekommen. Es schreibt vor, dass Maßnahmen eines Herstellers zur Abgasreinigung so transparent gemacht werden, dass alle Werkstätten und Bastler die Katalysatoren reparieren können. Die kriminelle Software wurde daher in den USA sehr viel härter verfolgt als in Europa.

Wenn man den Umfang der Probleme mit den bisherigen Maßnahmen gerade der europäischen Gesetzgeber vergleicht, denkt man nicht mehr an David gegen Goliath, sondern an das Kind aus der Heiligenlegende, das mit seiner Muschelschale das Meer in eine Sandgrube schöpfen will.

Drei Fragen sollten heute vor jedem Kauf stehen: (1) Brauche ich das wirklich? (2) Kann ich es reparieren? und (3) Wo bleibt der Müll? Dazu ist ein Vorgehen hilfreich, das dem Psychoanalytiker bekannt vorkommt: *Reverse Engineering.*[6] Der Begriff stammt aus dem Maschinenbau. Es geht darum, einem Gerät jene Geheimnisse zu entreißen, welche die glatte Oberfläche verbirgt. Produzenten stellen sich Nutzern in den Weg, die verstehen, erforschen, ein Ding ihren eigenen Bedürfnissen unterwerfen wollen. *Reverse Engineering* durchkreuzt diesen Versuch. Das Gerät wird zerlegt, analysiert, seine Geheimnisse werden der Öffentlichkeit verfügbar gemacht, die Nutzer können es jetzt verändern, neu justieren und reparieren.

Die Parallele zur Psychoanalyse liegt nahe: Ein zunächst rätselhaftes Symptom, dessen Betriebsgeheimnis dem Betroffenen unzugänglich ist, wird in seinem Kontext analysiert und dadurch die innere Freiheit des Klienten wiederhergestellt. Der geistige Nutzen der Reparatur liegt darin, dass sie es uns ermöglicht, die Geschichte einer Störung zu lesen und daraus Schlüsse zu ziehen, wie wir sie beheben oder ihr vorbeugen können.

In diesem Buch möchte ich die vielfältigen Anregungen zur Entwicklung einer Reparaturgesellschaft um den psychologischen Aspekt ergänzen.[7] Es geht um die Freude am Reparieren, aber auch um den Zusammenhang zwischen der Konsumgesellschaft und den Neurosen, unter denen Einzelne und Paare leiden. Das Modell von Ex-und-hopp lädiert nicht nur die Umwelt, sondern auch die Innenwelt. Es richtet sich gegen das Wesen der Humanität: die Verlässlichkeit von Bindungen.

Die Kunst der Reparatur beruht auf der Haltung, nicht schnell aufzugeben und angesichts einer Störung in zwei Richtungen zu denken, die beide dem primitiven Affekt entgegenarbeiten: dem »weg damit!« Diese beiden Richtungen folgen den Zeitpfeilen »zurück« und »vorwärts«: Was ist geschehen, dass etwas *nicht* mehr funktioniert, was *bisher* funktionierte? Und: Was kann ich tun, um die frühere Funktion wiederherzustellen?

Wenn ein Freund sich nicht mehr für mich zu interessieren scheint, kann ich mich ebenfalls von ihm abwenden. Oder aber ich versuche zu verstehen, was geschehen ist, spreche mit ihm über meinen Eindruck und mögliche Schritte, um das frühere Verhältnis wiederherzustellen.

Leider merken wir oft zu spät, was wir verloren haben, wenn wir angesichts eines verlockenden Angebotes aufgeben, was uns lange begleitet hat und uns durch einige Reparaturen vertraut geworden ist. Ich habe den Fehler gemacht, ein neues Rad mit einer Schaltung zu kaufen, die so kompliziert angebracht war, dass ich erst nach langer Pfriemelei und ausführlicher Lektüre einer in Halbdeutsch geschriebenen Anleitung das Hinterrad demontieren konnte. So wurde ich dafür bestraft, dass ich das vertraute Modell aufgegeben hatte, das mit einem vertrauten Handgriff ausgebaut werden kann.

Und wenn die lieb gewonnene Technik dem *wind of change* einfach nicht standhält, will ich sie wenigstens anständig betrauern! Das gilt vor allem für die mechanische Schreibmaschine: Ihr lieben Hingeschiedenen, Monika Olympia und Dora Olivetti! Wie oft habe ich euch wieder flott gemacht, ein Farbband eingezogen, etwas Öl in den Wagenlauf getropft, verbogene Typenhebel gerade gerückt und mit einer Nadel vertrocknete Farbe aus den e's und o's gekratzt.

Und dann kamen Bildschirm und Rechner; statt Papier konnte ich eine Diskette an den Verlag schicken, wenig später eine Mail. Nie wieder werde ich die Zuversicht und das Kompetenzgefühl erleben, die mich trösteten, wenn etwas an euch nicht funktionierte, wie es sollte. Mein Notebook hier funktioniert entweder perfekt – oder gar nicht mehr. Das ist sehr bequem – und im Krisenfall zum Verzweifeln.

Kapitel 1

RETTET DIE DINGE UND DIE MENSCHEN!

Mit der Massenproduktion im Industriezeitalter hat auch eine seelische Deformation begonnen. Arbeit verliert an Wert und Würde, wenn sie allein dem schnellen Nutzen dienen muss und Menschen ebenso wie Waren austauschbare Glieder einer Produktionskette werden. Der persönliche Bezug zu den Dingen geht verloren. Es ist ein Teufelskreis: Je weniger Bindung sich zu den der Mode unterworfenen Massenprodukten entwickelt, desto schneller werden sie ersetzt; das strahlt aus in die emotionalen Beziehungen.

Der Handwerker, der auf die Qualität seines Produktes stolz ist und sich mit seinem Kunden darüber einigt, ob es durch eine Reparatur gerettet werden soll, weicht dem anonymen Geschehen von Produktion und Vertrieb, in dem kalt kalkuliert wird, wie weit man gehen kann, um dem Kunden neue Waren aufzuzwingen.

Marx hat diese Entwicklung treffend beschrieben; seine Kritik hat sich in vielen Punkten bestätigt und bestätigt sich noch. Die von ihm vorgeschlagenen Lösungen haben sich bisher nicht umsetzen lassen; die Versuche in dieser Richtung haben wenig gebessert und liefern eher Argumente gegen die kritischen Gedanken.

Die Konsumgesellschaft schadet nicht nur der Umwelt, sondern auch der Psyche. Mein erstes Plädoyer für Konsumverzicht war durch das erste Vogelsterben, Rachel Carsons *Stummen Frühling*, angestoßen worden.[8] Das Pestizid Dichlordiphenyltrichlorethan (DDT) ist in Europa und Nordamerika seit über vierzig Jahren verboten. Aber die Umwelt hat ein langes Gedächtnis. Bis heute lassen sich als gesundheitsschädlich beurteilte Werte des Insektenbekämpfungsmittels in kanadischen Seen nachweisen.[9]

Ich erklärte im *Homo consumens* gedankenlosen Konsum durch orale Fixierungen und plädierte für den Abschied von der Verschwendungswirtschaft. Nie wieder habe ich so heftige Polemik gegen ein Buch erlebt wie 1972 gegen die These vom nötigen Konsumverzicht. Rezensenten entpuppten sich als Priester des heiligen Luxus; in der *Zeit* schrieb Haug von Kuenheim, auch Jesus wäre mit dem Auto nach Genezareth gefahren, wenn er eines gehabt hätte.

Heute wird es allmählich konsensfähig, dass es so nicht weitergehen kann. »Der Vermüllung der Meere und den ökologischen und sozialen Verheerungen der Textilindustrie kann nur dann Einhalt geboten werden, wenn weniger Kleider und weniger Plastik hergestellt, konsumiert und weggeworfen werden. Sehr viel weniger«, stellt 2018 Kathrin Hartmann in ihrem Buch *Die grüne Lüge* fest. Ökobewegung und Kapitalismuskritik haben heute die Chance, ein Wirtschaftsmodell zu entwickeln, in dem Verzicht kein Tabu ist, bemerkt im Juni 2019 Sebastian Schoepp in einem Leitartikel der *Süddeutschen Zeitung:* »Der Internetknoten in Frankfurt frisst mehr Strom als der ganze Flughafen. Wer nachhaltig etwas ändern will, kommt um ein Nachdenken über das Dogma des Immer-mehr nicht herum. Und vielleicht bedeutet ein Immer-weniger am Ende ja sogar mehr Lebensqualität?«

In der Welt von *Homo consumens* wachsen mit den Bequemlichkeiten auch die Ansprüche. Es ist ein Teufelskreis, denn je mehr Bequemlichkeit und Komfort wir kaufen können, desto weniger heilsame Übung im Ertragen von Angst und Schmerz nehmen wir in Kauf, um persönlich weiterzukommen. Es ist eine Binsenweisheit, dass Konsumartikel nur kurze Zeit die Stimmung heben. Wer sie nicht kritisch prüft, wird abhängig. Er genießt den Konsum nicht frei und entspannt, im Gegenteil. Er *muss* konsumieren, weil ihn sonst Unlust plagt. Was soll ich nur mit mir anfangen? Ganz einfach, ich gehe shoppen!

Wir haben uns in eine Paradoxie hineinentwickelt und unsere ökonomische Kreativität, unseren Erfindergeist an der Fiktion orientiert, dass der Planet über grenzenlose Ressourcen verfügt. Ähnlich gehen wir auch mit unserer Psyche um: Wir überfordern sie, packen immer mehr Forderungen in eine konstant bleibende Lebenszeit, weil es eben noch geht – bis sie kollabiert.

Unsere Urgroßeltern trugen ihre Hemden, bis Kragen und Manschetten zerschlissen waren. Dann nutzten sie die noch guten Stücke als Taschentücher, Putzlappen und Flicken. Wir geben in die Altkleidersammlung, was außer Mode ist, und in den Müll, was auch nur ein wenig zerschlissen ist. Dann kaufen wir die meist mit Petrochemie getränkten Wisch- und Putzlappen, die bald in den Müll wandern.

Wir handeln, als seien die Ressourcen unendlich, obwohl wir wissen, wie begrenzt sie sind, während unsere Vorfahren über solche Grenzen nichts wussten, aber handelten, als seien die Ressourcen begrenzt.

Die Ansprüche wachsen rasant, seit Maximierung und nicht Stabilisierung zum ökonomischen Prinzip erhoben wurde. Ein Auto, das dem Fahranfänger vor dreißig Jahren ein Wunder an Dynamik schien, wirkt heute unerträglich lahm. Nach vier Jahren ist der neue Computer »zu langsam«, obwohl er vor acht Jahren noch superschnell war. Der von Drogenberatern zitierte Spruch, dass ein Dealer nicht einen Stoff an Menschen verkauft, sondern Menschen an einen Stoff, lässt sich verallgemeinern und ist das Grundprinzip moderner Vermarktung.

Die Konsumgesellschaft ist, psychologisch gesehen, ein manischer Prozess. Manische Zustände sind durch Selbstüberschätzung, Verleugnung von Grenzen und blinden Optimismus charakterisiert. Sie kämpfen wütend gegen alle Zweifel und Einschränkungen ihrer Größenphantasie. Bricht diese zusammen, endet die Manie nicht in einem Normalzustand, sondern in einer Depression. Es wird deutlich, dass die Überschätzung bereits die ganze Zeit dazu gedient hat, die Gefahr der Depression abzuwehren.

Als nach dem Zweiten Weltkrieg die Freiheit verteidigt war und es darum gegangen wäre, das Verteidigte zu genießen, wurde die Lage in den Ländern der Sieger ungemütlicher als erhofft. Wie meist nach einem Krieg überfiel die Kämpfer der Eindruck, dass andere weniger gelitten und mehr Gründe hatten, sich am Sieg zu erfreuen. Kriege nützen nun einmal nicht den Soldaten, sondern den Fabrikanten, die ihnen Stiefel und Munition geliefert haben.

Um die aus dem Boden gestampfte und nach Aufträgen hungrige Industrie im Frieden weiter zu beschäftigen, entstand die Konsumgesellschaft. Die alten Sinnstifter waren nicht mehr glaubwürdig, die neuen verloren zunehmend an Kredit, je deutlicher die Kluft zwischen überzeugender Lehre und kläglicher Praxis wurde.

Dazu kamen Probleme, die weder Jesus noch Mohammed, Marx oder Freud bedrängten: Es wurde deutlich, dass diese Kultur mehr verbrauchte, als sich regenerieren kann.

Wir leben in einem Zwischenreich, in dem sich die Grenzen des Wachstums schlechter, aber immer noch von Mehrheiten verleugnen lassen. Gegenwärtig diskutieren Erwachsene, ob sie ihre Kinder in die Schule zwingen oder an ihrer Seite für eine Zukunft kämpfen sollen, in der auch die nächste Generation noch einen lebensfreundlichen Platz auf dem Planeten findet.

In diesem Kontext, als kleine Anleitung zum Genuss am Widerstand, zur Freude am Schwimmen gegen den Strom, siedle ich das Reparieren an. Es geht um die Verbindungen zwischen den Dingen und den Menschen, um die Energie, die wir sparen können, wenn wir das Vorhandene pflegen und nicht gierig nach besserem Ersatz Ausschau halten, um den Trost des Handwerks und die Freude daran, nicht alles komfortabler zu machen, sondern in der Bewältigung selbstgewählter Aufgaben Körper und Geist zu üben.

ZUM BEISPIEL REGENSCHIRME

»Heute kennt man von allem den Preis, von nichts den Wert.« So Oscar Wilde in *Lady Windermeres Fächer.* Die ausgepreiste Welt ermüdet uns, gibt uns ein Gefühl der Bedeutungslosigkeit – ein ökonomisches Rädchen in einer Riesenmaschine zwischen Produktion, Konsumption, Müll. Es gibt einige Auswege aus dieser öden Routine von Kosten und Nutzen: suchen und sammeln, selber machen, reparieren.

Es macht einen Unterschied, ob ich mir den Kräutertee in der Apotheke kaufe oder die Pflanzen in der Natur erkennen lerne, sie zur rechten Zeit pflücke, trockne und verwahre. Pilze kann ich im Laden kaufen oder im Wald finden – das erste ist Routine wie so vieles, das zweite ein kleines Abenteuer mit unsicherem Ausgang.

Den Tisch, an dem ich arbeite, kann ich fertig im Laden kaufen oder selber machen. Ob ich das mit gehobeltem Holz aus dem Baumarkt tue oder während des Projekts lerne, selbst zu hobeln – in jedem Fall wird es *mein* Tisch, ein Ding außerhalb der Langeweile, der Routine, der Entfremdung. Ein weiterer Ausweg ist das Reparieren. Im typischen Fall gibt es einem Ding, das andere für wertlos erklären, beiseitelegen oder wegwerfen, seine Funktion und oft auch etwas wie eine besondere Würde zurück.

Wer einem Ding begegnet, das eine Schwäche oder Störung zeigt, steht an einem Scheideweg. Er kann die bequeme Route wählen, die ihm hundertfach vorgelebt wird; weg damit, das ist nichts, das wird nichts. In den Müll damit! Oder er sieht hin und denkt nach.

Ich habe in den letzten dreißig Jahren keinen Regenschirm mehr gekauft. Dennoch stehen in dem Schirmständer mehrere funktionierende Exemplare, die ich alle aus öffentlichen Papierkörben geborgen habe, in denen sie nun wirklich nichts zu suchen hatten. Bei einem war der Griff abgebrochen; Gestänge und Bespannung funktionierten tadellos. Ich schnitzte also einen Griff aus Eschenholz in einer simplen, aber angenehm in der Hand liegenden Form,

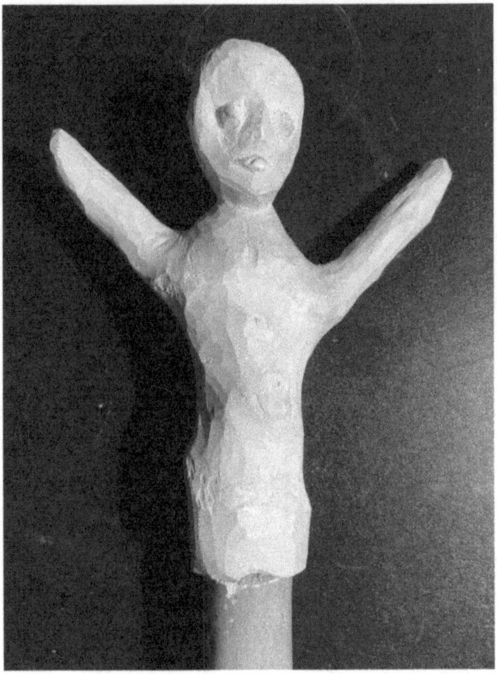

Ein abgebrochener Griff ist ersetzt.

die sich an afrikanische Figuren der Lobi anlehnt, ganz ohne den wenig aussichtsreichen Ehrgeiz, deren Vollkommenheit gleichzukommen.

Die Lobi leben im Süden Burkina Fasos und im Norden Ghanas und der Elfenbeinküste. Sie haben keine Häuptlinge, ihre Lehmburgen sind traditionsgemäß so weit voneinander entfernt, wie ein Pfeil geschossen werden kann. Holzfiguren *(bateba)* schützen ihre Eigentümer vor Zauberei und anderen Gefahren.

Bewundernswert sind neben den Kunstwerken der Lobi auch Gebrauchsgegenstände, die aus natürlich gewachsenem Holz herausgearbeitet werden. Man nennt das opportunistische Schnitzkunst. In meinem Fall ergab eine Astgabel den Ersatz für die verlorene Krücke des Schirms. Ich verband die kleine Schnitzfigur durch einen Dübel mit dem Schirmstock. Damit war der Schirm nicht nur gerettet, sondern schöner als zuvor.

Ein zweiter Schirm war nicht am Griff gebrochen; der Stock war aus einem Blechrohr, das einen Knick hatte. Dadurch war es so verformt, dass man den Schirm nicht mehr auf- und zuschieben konnte. Die Reparatur war simpel, obwohl sie die frühere Belastbarkeit des Schirms nicht ganz wiederherstellen konnte: Ich legte das gequetschte Rohr auf einen Amboss, der aus einem Stück Eisenbahnschiene improvisiert war, und klopfte es mit dem Schlosserhammer vorsichtig von beiden Seiten wieder in seine runde Form. Das gelang ausreichend, um den Schirm wieder auf- und zuzumachen. Ich würde ihn nicht nehmen, um bei Sturm spazieren zu gehen, aber dann nützt ein Schirm ohnehin wenig.

Jüngst musste ich diese erste Reparatur noch ergänzen. Als ich in den Regen hinausging, klappte der Schirm plötzlich über meinem Kopf zusammen. Die Fehlfunktion beruhte darauf, dass jetzt der Kunststoffring gebrochen war, der in der oberen Stellung an einer durch eine Feder herausgedrückten Zunge Halt gefunden hatte. Der Draht, der das Gestänge zusammenhielt, konnte die Zunge nicht halten. Ich ging in die Werkstatt und suchte. Ich hatte an eine Schelle gedacht, mit der man über ein Rohr gesteckte Schläuche fixiert, fand aber keine. So schnitt ich von einem Rest Kupferrohr mit der Metallsäge einen Streifen ab und drückte ihn mit der Kombizange fest um den brüchigen Kunststoffring. Die Metallzunge fand wieder festen Halt, Gestänge und Bespannung blieben an ihrem Platz, der Schirm war durch ein Stück Kupferblech hübscher geworden, dessen sägerauer Rand mit kleinen Kanten und Zähnen in das elende Plastik griff.

Der dritte Schirm war weggeworfen worden, obwohl Gestänge und Griff funktionierten. Nur die Bespannung hatte sich vom Vollmond in einen schlappen Halbmond verwandelt. Der Nylonstoff wurde von kleinen Plastikhütchen auf den Streben festgehalten. Von diesen Hütchen war eines verloren, einige andere hatten ihren Platz am Ende der Streben eingebüßt und hingen herum. Der Schirmträger hatte es nicht der Mühe wert befunden, den Schaden genauer zu untersuchen, denn das meiste daran war leicht zu beheben: Ich musste nur die Hütchen, die an die Bespannung genäht waren, wieder an Ort und Stelle stecken und ein wenig festdrücken.

Jetzt war der Halbmond schon drei Viertel voll, der Schirm wieder einigermaßen zu gebrauchen. Es war aber klar, dass die Gesamtspannung nur dann wiederhergestellt werden konnte, wenn auch das fehlende Hütchen ersetzt war. Es war aus Plastik und zerbrochen, an dieser Stelle sah man noch deutlich den Faden, mit dem früher die Bespannung mit dem Hütchen und der zuständigen Strebe verbunden war.

Ich kramte und fand die Messinghülse einer Platzpatrone, die ich vor Jahren vom Gehsteig aufgesammelt hatte. Ein Nachbar hatte mit einer Schreckschusspistole das neue Jahr eingeschossen.

Ich spannte die Hülse in den Schraubstock, suchte einen feinen Metallbohrer und durchlöcherte das hintere Ende oberhalb des Zündhütchens. Vorne trug die Platzpatrone einen jetzt aufgesprengten Deckel aus festem Kunststoff. Die Schirmstrebe fand darin Halt, ich musste nur noch einen festen Zwirn durch das Loch ziehen und ihn dort vernähen, wo die Reste der ursprünglichen Befestigung sichtbar waren.

Der Patronenhülse vom Kaliber 9 mm gab ich den Vorzug vor meinem ersten Plan, der mir mühsamer schien, aber ebenso gut den Schirm wieder in Form gebracht hätte: ein Stück zähes Holz zurechtzuschnitzen und zwei Löcher zu bohren, eines für die Strebe, eines für den Faden.

Wer mit einem solchen Schirm spazieren geht, kann das verlegen tun, weil er nicht perfekt aussieht. Er kann aber auch stolz auf das vom Müll gerettete Ding sein, das jetzt eine persönliche Note hat.

Das Achslager als Leuchter.

Zu solchen Reparaturen gehört die Bereitschaft, Dinge nicht wegzuwerfen, die noch einmal nützlich werden können. Das gilt für Materialien wie Holz, Kupferblech, für die Hülsen der Platzpatronen, ganz allgemein für die Produkte der meditativen Kunst des Ztrifelns. Ein ausgedientes Laufrad für geklebte Fahrradreifen der Firma Campagnolo, das ein Nachbar wegwerfen wollte, tat mir so leid, dass ich es mir an einem Feierabend vor dem Fernseher (wo ich gerne Fahrräder richte) vornahm und eine Speiche nach der anderen löste. Ich gewann einen Speichenvorrat (mit dem ich später meinem Schwager aushelfen konnte, bei dessen E-Bike eine Speiche gerissen war), eine massive Aluminiumfelge für geklebte Reifen als Kinderspielzeug und einen hübschen Kerzenständer.

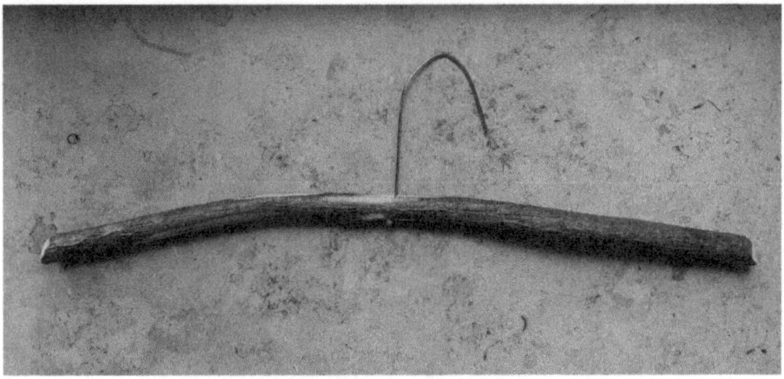

Die Kleiderbügel waren ausgegangen. Fahrradspeiche, Holz.

Fahrradspeichen sind nützlich und vielseitig; ich habe Kleiderbügel aus ihnen gemacht und Minispachtel, um den vielseitigen Zweikomponentenkleber zu mischen und aufzutragen, Ringe, um Tomaten an einem Stecken zu befestigen, Prothesen, um die Stiele großer Blüten in einer Vase elegant in aufrechte Position zu bringen.

EX-UND-HOPP

Die fatale Einstellung des Konsumismus fand in dem beschämenden Werbespruch »Ex-und-hopp« der Verpackungsindustrie ihren Höhepunkt.[10] Wir dürfen davon ausgehen, dass die Beziehung zu den Dingen im Alltag ausstrahlt in die Beziehung zur belebten Natur und schließlich zum Mitmenschen. Wer einfach wegwirft, was er nicht mehr braucht, denkt nicht an die Fische und Vögel, denen sein Abfall schwer im Magen liegt.

Es ist gegenwärtig in Ansätzen erforscht, was Menschen befähigt, »gute« Beziehungen aufzubauen. Qualitäten wie Empathie, Verlässlichkeit, Einsicht und Geduld lassen sich üben. Ihr Kern ist eine Haltung, Unsicherheit zu ertragen, erst einmal auszuharren, abzuwarten, nachzudenken, ob es nicht möglich ist, eine konstruktive Lösung zu finden. So sehen auch die seelischen Grundlagen der

Kunst der Reparatur aus: Sie verlangsamen die achtlose Trennung, die Preisgabe einer Beziehung beim ersten Konflikt.

Archaische Reaktionen orientieren sich an dem dramatischen Muster der Jagd: Mache ich Beute, oder werde ich Beute? Kann ich siegen, oder muss ich fliehen? Unter hohem emotionalen Druck handeln wir schematisch, entscheiden schnell und erkennen oft erst im Nachhinein, was wir übersehen haben. Dass der Beleidiger, dem im Bierzelt ein Krug auf den Kopf geschlagen wird, schwer behindert überlebt, wurde von dem Angreifer weder gewünscht noch vorausgesehen.

Das handelnde Ich greift im primitiven Affekt nach dem ersten Einfall. Daher ist auch die Übung des überlegten Vorgehens so wichtig. Durch sie erwerben wir gebahnte geistige Wege. Wenn die Antwort auf eine Situation gespeichert ist, bevorzugen wir das bereits vorhandene Lösungsmuster, denn ein neues Muster zu finden kostet Zeit und Kraft. Der gute Fechter ist ein geübter Fechter, er hat mehr Reaktionen auf einen Angriff gespeichert als der Anfänger.

Die unbewusste Verbindung zwischen der Kunst der Reparatur und dem konstruktiven Umgang mit Menschen entsteht in diesem Reich der Übung. Es macht einen Unterschied, ob ich (so die primitive Reaktion) im Augenblick der Enttäuschung Zuflucht bei der Gewissheit suche, ein falsches Ding zu haben, das ich wegwerfen muss, um mich auf die Suche nach dem richtigen Ding zu machen. Im anderen Fall lasse ich die Störung nicht hinter mir, suche mich ihrer nicht zu entledigen, sondern stelle mich ihr und suche aus ihr zu lernen.

Die primitive Reaktion wird durch die Konsumgesellschaft auf vielen verschiedenen Ebenen gefördert – im Zappen, wo schnell »falsche« Bilder verschwinden und (vielleicht) weniger falsche kommen, im Datingportal, wo ich unattraktive Angebote wegwischen kann, bis ein attraktives (oder gar keines) übrig bleibt.

Die alternative Haltung nimmt die Störung zum Anlass, Interesse zu entwickeln und zu unterscheiden: Was ist geschehen, was kann ich behalten, was kann ich wiederherstellen? Die Haltung des Ex-und-hopp ist manisch und wie jedes manische Geschehen im Zusammenbruch depressiv.

Um die deprimierende Einsicht in die eigenen Schwächen abzuwehren, wird übertrieben und gelogen. Die am meisten verbreitete Form der manischen Abwehr ist in den modernen Gesellschaften ein Lebenskonzept, das verspricht, durch Anpassung und Leistung »glücklich« zu werden. Wer aber nach außen alles richtig macht, ohne auf seine innere Welt zu achten, wird nicht glücklich, sondern depressiv.[11]

DIE PAARBEZIEHUNG ALS REPARATURWERKSTATT

Typisch für die Moderne ist keine »moderne Ehe«, obwohl es dieses Schlagwort gibt, sondern eine Beziehung, die aus einem Baukasten überlieferter Formen zusammengesetzt wird. Die Partnerschaft kann freizügig sein oder höchsten Wert auf absolute Treue legen. Hier teilen sich Mann und Frau Haus- und Kinderarbeit, dort lebt der allein verdienende Ehemann mit einer Hausfrau oder die allein verdienende Frau mit einem Hausmann.

Es gibt Ehen von Doppelverdienern, bei denen die Frau Haus- und Kinderarbeit zusätzlich erledigt, oder Partnerschaften, in denen sich beide Eltern Haus-, Erwerbs- und Kinderarbeit auf eine Weise teilen, die beiden behagt. Wenn die moderne Ehe Bestand haben soll, muss sie eine Reparaturwerkstatt werden, in der Kränkungen geflickt, komplexe Interaktionen aufeinander abgestimmt und zwischen unterschiedlichen Wertvorstellungen vermittelt wird.

Die Partner sind aufeinander angewiesen, wenn sie die Probleme angehen, die während ihrer Beziehung und durch die Sorge für gemeinsame Kinder entstehen. Es gibt den Rückhalt nicht, den früher soziale Normen schufen, die den Spielraum der Individuen einengten und durch massive Sanktionen Konfliktpotentiale amputierten. *Es gibt den richtigen Partner nicht von Anfang an, die Partner machen einander in Verhandlungen dazu.*

Während der Einfluss der Eltern die Ehen früher festigte, können sich Partnerschaften heute besser entwickeln, wenn beide Partner von ihren Eltern liebevoll getrennt sind. Das bedeutet, dass sie an Vater oder Mutter nicht so hängen, dass deren Urteil über den Partner mehr gilt als die eigenen Gefühle, und dass sie Vater oder Mutter nicht hassen, sodass sie frei genug sind, um einen Partner zu lieben und sich doch gegen ihn abzugrenzen und manche seiner Wünsche abzulehnen.

»Reife« Beziehungsmuster sind kein unverlierbares Eigentum normaler Individuen. Liebevolle Beziehungen entstehen unter glücklichen Umständen bei den meisten Menschen. Und ebenso entgleisen viele unter ungünstigen Umständen in Hass und Entwertung. Beide Haltungen, die reife und die unreife, begleiten Menschen lebenslang. Unreife Einstellungen werden überformt, nicht abgelegt.

Es ist ähnlich wie mit dem Faschismus in der Politik, dem Fundamentalismus in der Religion, dem Ex-und-hopp im Umgang mit den Dingen. Wir können nie sicher sein, dass nicht auch in stabilen Verhältnissen Mechanismen überleben, die von einem Demagogen in einer Zeit der Unruhe so rasch und unaufhaltsam geweckt werden können, dass ein Land nach wenigen Jahren nicht wiederzuerkennen ist.

Nur wer über eine entwickelte Regelung des Selbstgefühls verfügt und diese auch ständig übt, kann die Schattenseiten der Personen verarbeiten, von denen er sich Liebe wünscht, kann akzeptieren, dass Menschen mit anderen Werten als er selbst nicht wertlos sind und nicht alle zur Hölle fahren sollen, die seine Überzeugungen nicht teilen.

Wer den reifen Umgang mit Störungen und Unvollkommenheiten nicht übt, verliert allmählich auch die Fähigkeit, eigene Schwächen realistisch einzuschätzen. Wir können nicht zufrieden altern ohne die Fähigkeit, liebevoll mit Situationen umzugehen, in denen weder wir noch die Dinge und Menschen um uns herum perfekt sind. Wo wir etwas verbessern können und wo wir das Fehlerhafte akzeptieren sollten, um nicht uns und anderen zu schaden, wird sich niemals auf den ersten Blick säuberlich unterscheiden lassen. Wir müssen diesen Blick und die mit ihm verbundenen Einsichten üben, und je mehr wir das tun, umso eher gelingt es uns auch.

Wir können nur üben, uns ohne Angst vor Fehlern dem Augenblick zuzuwenden und das Beste aus ihm zu machen. Wer immer schon an das Bessere denkt, das nächste Produkt, wie es ihm die geplante Obsoleszenz vorschreibt, findet keine Ruhe im Guten. Wir können versuchen, so zu sein wie Kinder, wie es im Evangelium steht. Kinder und Tiere *wollen* freilich nicht sein wie Kinder und Tiere, sie *sind* Kinder, sind Tiere. Das Animalische ist, wenn wir es einmal verlassen haben, wie das Paradies ein Ort der Sehnsucht, in dem wir uns nicht zur Gänze neu beheimaten können, nur in Teilen. Das macht diese Teile umso kostbarer.

Kapitel 2

DIE EHRE DER DINGE

Zünftiges Handwerk hat mittelalterliche Städte bis weit in die Neuzeit beherrscht. Wie alle Fortschritte ist die Auflösung des Zunftzwangs nicht ohne Schatten; einer davon ist ein Phänomen, das sich als Verfall der persönlichen Verantwortung für die Dinge beschreiben lässt.

Wenn ich bei Hans Sachs ein Paar Stiefel kaufe, kosten diese sicher einen stolzen Preis. Aber der Meister hat die Stiefel mit Lehrling und Geselle gemacht. Er fühlt sich verantwortlich für ihre Qualität, er bleibt mit diesen Stiefeln persönlich verbunden und kümmert sich um sie. Wenn sie kaputtgehen, gebietet es ihm sein Ehrgefühl, den Kunden zu beraten und sich mit ihm zu einigen, ob sie repariert werden können.

Zünfte gab es nur in den Städten; die historische Forschung schwankt in ihrem Urteil, ob sie eher Systeme waren, die Qualität der Produkte zu sichern, oder der Unterdrückung von Konkurrenz und der Ausbeutung von Lehrlingen und Gesellen dienten. Beide Aspekte lassen sich nachweisen; Gewerbefreiheit war ein Teil aller bürgerlichen Revolutionen. Meine eigenen Erfahrungen mit einer noch vom Handwerk geprägten Welt sind viel bescheidener, sie siedeln auf dem Land. Sattler und Schmied verstanden ihr Handwerk; ob sie Meister waren, kann ich nicht einmal sagen.

Mein erster Schulweg im Jahr 1948 führte mich an Handwerksbetrieben vorbei, die im großväterlichen Hof (vier Kühe, zwei

Schweine, zwanzig Hühner, kein Traktor) gefragt waren. Im Tal unten der Wagner, bei dem die Teile des Wagens hergestellt und repariert wurden, den bei den kleinen Bauern die Kühe zogen, bei den größeren Ochsen oder Pferde: Radspeichen, Räder, Wagenscheite, Leitern. Am Ortseingang der Schlosser, der auch eine Tankstelle hatte und Fahrräder reparierte.

Der Sattler wohnte in einem kleinen Haus, in dessen Fenster einige Schulranzen hingen, einer davon genau wie mein eigener aus Schweinsleder mit zwei Riemen. Im Gymnasium mochte ich ihn nicht mehr tragen. Nicht weil eine Naht gerissen oder das Leder durchgescheuert war. Aber andere Kinder hatten Aktenmappen aus Spaltleder mit glänzenden Schlössern. So eine wollte ich auch.

Der Schmied arbeitete näher am Ortskern bei Kirche, Schulhaus, Wirtshaus und Kramer. Die Werkstatt stand offen. Gab es etwas zu richten, eine Pflugschar zu schärfen, dann war es selbstverständlich, dass der Kunde neben dem Handwerker stehen blieb. Der Schmied warf das Eisen in die Holzkohle, schaltete das Gebläse ein. Der alte Stahl, sagte er zum Großvater, werde besser, je öfter man ihn erhitze, schmiede und abschrecke. Wenn das Werkstück die richtige Farbe hatte, packte er es mit der Zange, der Hammer klang auf dem Amboss, er drehte, wendete, prüfte, erhitzte noch einmal und warf es dann in den Wassereimer, wo es zischend versank.

Die Entwicklung der dummen und der klugen Dinge und mit ihnen auch die der Reparatur lässt sich in ein Dreierschema fassen:

1. Steinzeit: Jeder Jäger schnitzt sich Bogen und Pfeile selbst, weiß, wie man Darmsaiten dreht und Jagdgifte macht. Ebenso weiß jede Sammlerin, welche Hölzer für ihren Grabstock, welche Fasern für den Tragekorb geeignet sind. Meisterwissen wird ohne Meister tradiert, jeder ist Meister, jedem ist jede Tätigkeit zugänglich, es gibt keinen Beruf.
2. Metallzeit: Die »gut gemachten« Dinge haben einen Meister. Dieser beherrscht ihre Herstellung. Wer diese Dinge erwerben

will, hat mit dem Meister zu tun, und kann dabei von ihm alles über die Herstellung und Reparatur dieser Dinge erfahren. Auf diese Weise kann der Benutzer das Wissen des Meisters für sich selbst fruchtbar machen.

3. Industriezeit, Plastikzeit: Die Dinge sind so komplex geworden, dass sie keinen Meister mehr haben, sondern aus einer Organisation kommen, die weder von dem Kunden noch von den Repräsentanten dieser Organisation durchschaut werden kann. Wer diese Dinge erwirbt, spricht mit einer anderen Abteilung als jemand, der sie repariert haben will. Beide Abteilungen wissen wenig voneinander und haben unterschiedliche Interessen. Die Verkäufer reden die Dinge schön, Störungs- und Reparaturdienste sind schwer erreichbar. Wer kaufen will, wird auf den roten Teppich gebeten, freundlich begrüßt und mit Informationen über die Vorzüge des Produkts überschüttet. Wer etwas zum Reparieren bringt, muss vor einer schäbigen Tür warten und trifft auf maulfaule Angestellte, die ihm nichts erklären, sondern seine geistige Gesundheit infrage stellen. »Wollen Sie das wirklich richten lassen? Total veraltet, wie es ist?«

Diese Entwicklung ist so rasant abgelaufen, dass Handwerksmeister den Bruch im Umgang mit den Dingen durchaus selbstkritisch beobachten, aber gleichzeitig erklären, er sei unausweichlich. Ein Installateur, den ich während der Erneuerung unseres Badezimmers kennenlernte, erklärte zum Versagen der WC-Spülung in einer Gegend mit stark kalkhaltigem Wasser: »Nach zehn Jahren müssen Sie die Toilette auswechseln. An sich hält das Porzellan viel länger, aber die Kanäle sind zugesetzt. Es hilft dann auch nicht mehr, Klopapier in Essigessenz oder verdünnter Salzsäure zu tränken und hineinzustopfen.

Einmal habe ich bei einem Verwandten das Klo abmontiert und in einem Bassin mit Salzsäure entkalkt. Da war es wieder wie neu. Aber wenn ich da die Arbeitszeit berechnet hätte!«

Der Innenarchitekt stand daneben. »Bei meinem Audi ist Wasser in einen Scheinwerfer gekommen. Ich fuhr in die Werkstatt. Der Scheinwerfer kann nur im Ganzen ausgetauscht werden. Die reparieren ihn nicht. Kostet 2700 Euro.« Eine Freundin, empört: »In der Tiefgarage hat mir jemand den Außenspiegel zerbrochen. Reparatur: 450 Euro. Das ist doch verrückt, wenn ich an meinen Käfer denke. Da hätte ich den neuen Spiegel für 30 Mark gekauft und selber angeschraubt.«

Die wichtigsten Dinge der Gegenwart sind stark von der rasanten Entwicklung der Elektronik geprägt. Sie bezaubern wie das Smartphone durch die Vielfalt ihrer Leistungen, sind aber bei Defekten stumm und verschließen sich jeder Möglichkeit, sie in einem Reparaturprozess besser zu verstehen. »Was wird mit meinem defekten Handy geschehen?« »Was ist eigentlich kaputtgegangen?« »Was kann ich daraus lernen?« »Ich schreibe den Schaden auf und

Der schwarze Plastikknopf am gläsernen Pfannendeckel war abgebrochen. Das Gerät ist dank eines passend geschnitzten Holzgriffs schöner geworden. Darunter ein handgeschnitzter Löffel aus Wacholderholz, in Istanbul am Rand des großen Basars für wenig Geld gekauft und für jeden respektgebietend, der sich jemals mit Schnitzwerkzeugen an solche Arbeiten gemacht hat.

schicke es ein. Sie bekommen dann Bescheid, ob sich die Reparatur lohnt. Es ist ja schon zwei Jahre alt, das ist heute eine Menge! Übrigens habe ich da gerade ein günstiges Angebot!«

DER CAMPANILE VON SAN MARCO

Von den Zünften geprägte Städte wie Florenz oder Venedig erleben wir heute als Kostbarkeiten, in denen Gebäude, Straßen, Plätze, Kirchen und Versammlungsräume (in Venedig *scuole* genannt) sämtlich von einem großen Sinn für Schönheit und Gemeinschaft geprägt sind. In einer derartigen Struktur ist die Reparatur selbstverständlich.

Der Campanile von San Marco in Venedig entstand im neunten Jahrhundert und war in romanischer Zeit mit einem oberen Stockwerk versehen worden, das Klangarkaden schmückten. Blitzschläge hatten ihn mehrfach beschädigt; er wurde repariert. 1902 wurden die Metallanker im Innern des Turmes entfernt, um einen Aufzug einzubauen. Als sich erste Risse zeigten, war es zu spät. Am 14. Juli 1902 stürzte der Turm ein. Fotografien zeigen einen riesigen, kegelförmigen Haufen Schutt.

Sigmund Freud war ein begeisterter Italienreisender. Er traf wenige Tage nach dem Einsturz mit seinem Bruder Alexander in Venedig ein und besah sich die Szene vom *Caffè Quadri* auf dem Markusplatz aus. Es gab schon Postkarten mit einer Darstellung des Trümmerhaufens. Eine davon schickte Freud an diesem Tag nach Wien an seine Schwägerin Minna: »Die Kirche ist schöner denn je, wie eine junge Witwe nach dem Tod des Herrn Gemahl.«[12]

Der Stadtrat von Venedig beschloss am Abend des Einsturzes einstimmig, den Campanile wieder aufzubauen, wie und wo er gewesen war *(com'era e dov'era)*. Der Wiener Architekt Otto Wagner (1841–1918), ein führender Vertreter des Jugendstils, plädierte in einem Interview mit der Zeitung *Il piccolo* in Triest am 17. Juli 1902 für eine »moderne« Lösung und kritisierte die geplante Verfälschung der Architekturgeschichte durch die moderne Kopie eines mittelalterlichen Bauwerks. Aber die Venezianer hatten 1912 ihren alten Campanile wieder. So steht er und kann Zeugnis ablegen für die Macht einer ästhetischen Ganzheit.

Nun kann man sich streiten, ob eine Aktion wie der Neubau des alten Glockenturms eine Reparatur im strengen Sinn sei. Wiederhergestellt wurde eine Ganzheit, die Gestalt der Piazza di San Marco in der Form, die sie über viele Jahrhunderte angenommen und bewahrt hatte. Man kann weiter darüber streiten, ob die konservative Haltung der Denkmalspflege Werte bewahrt oder unterdrückt, indem sie die Nachwelt der Umsetzung eines kreativen Neubeginns beraubt. Wäre es nicht interessanter gewesen, Otto Wagner mit dem Neubau eines Campanile auf der Piazza di San Marco zu beauftragen?

Der historische Turm war auf zahllosen Bildern bewahrt. Die Zeitspanne, die den Dombau von der Bibliothek des Sansovino gegenüber trennt, hätte dann noch einmal den Glockenturm, inspiriert vom Geist des Jugendstils, von der Bibliothek unterschieden.

Früher waren die Menschen weniger pingelig, wie die Pisaner, deren fünfschiffiges Domgewölbe ein wahrer Wald antiker Säulen trägt, zusammengestohlen von den Küsten des Mittelmeers. Die romanischen Baumeister waren eher Reparaturkünstler als Restauratoren: Sie benutzten, was sie kriegen konnten, und ergänzten sie durch eigenes Handwerk.

In Mittelitalien habe ich 1965 die romanische Dorfkirche San Giusto in Bazzano bei L'Aquila besucht, im Rahmen einer kunsthistorische Exkursion, geleitet von Otto Lehmann-Brockhaus. Dort steht in einer romanischen Basilika ein Stück Tempelfries aus weißem Marmor senkrecht als Stütze zwischen anderen, teils antiken, teils später in grober Nachahmung gemeißelten Säulen.

Die Kirche wurde in dem großen Erdbeben, das 2009 die Provinzhauptstadt L'Aquila zerstörte, schwer beschädigt. Sie wird gegenwärtig wieder aufgebaut.

Am Ammerseeufer bei Wartaweil, April 2014.

Der Unbekannte, der am Ammerseeufer einen Monoblock-Stuhl aus Plastikmaterial, dem ein Bein fehlte, mithilfe eines Stückes Treibholz wieder auf vier Füße gestellt hat, schöpfte aus der gleichen Quelle wie die frommen Maurer in den Abruzzen.

Wer restauriert, will einen früheren Zustand wiederherstellen. Im Idealfall soll das so gut gelingen, dass ein Objekt wieder aussieht, als wäre es nie defekt gewesen. Wer ein Möbelstück restauriert, achtet darauf, dass das Furnier, mit dem er eine Fehlstelle repariert, in Farbton und Maserung dem Original entspricht. Man kann nun die »ideale« Reparatur als täuschend echte Wiederherstellung auffassen oder aber, historisch ehrlicher, ihr Zeichen dafür mitgeben, dass sie ist, was sie ist.

Als in der Renaissance Objekte einer idealisierten Vergangenheit in ihrem früheren Glanz wiederhergestellt werden sollten, ersetzten Bildhauer fehlende Nasen, Arme, Füße und sonstige Beschädigungen einer antiken Statue durch passgenaue Stücke aus Materialien, die dem ursprünglich verwendeten Marmor täuschend glichen.

Die Kunstwissenschaft hat das später irritiert. Seither werden alte Restaurierungen rückgängig gemacht und die Bruchstücke einer antiken Statue nicht kunstvoll ergänzt, sondern durch deutlich andere Materialien - etwa Stahlzwingen - so verbunden, dass die Struktur des ursprünglichen Werkes möglichst erhalten bleibt, aber sein fragmentierter Zustand nicht beschönigt wird.

Der Münchner Architekt Hans Döllgast hat beim Wiederaufbau der von Bomben getroffenen Alten Pinakothek in München die Wunde in dem klassizistischen Bau geschlossen. Die sogenannte Plombe zeichnet sich durch einfachere Ausführung ohne den Schmuck von Gesimsen und Halbsäulen deutlich ab.

Alte Pinakothek, Südfront (Wikipedia CCBY-SA3.0).

Döllgast wollte die Schäden durch den Krieg nicht verbergen, wohl aber die Funktion wiederherstellen - ein klares Bekenntnis zur durchdachten Reparatur im Gegensatz zur Restauration, das auch »kritische Rekonstruktion« genannt wird. In der Allerheiligen-Hofkirche in München, die Döllgast nach dem Schaden an den Gewölben durch ein gezimmertes Dach wieder brauchbar machte, setzten sich später die Restauratoren durch. Die Kuppeln sind in den alten Formen wieder aufgebaut worden, allein die Unterschiede in den Materialien erinnern an die Zerstörung im Krieg.

Kapitel 3

REPARIEREN, THERAPIEREN?

Je intensiver wir einen Gegenstand mit emotionaler Energie besetzen, desto mehr schmerzen uns auch seine Mängel und desto energischer ringen wir um seine Wiederherstellung. Die emotionale Energie speist sich vor allem aus der Verlustangst; dazu kommen Funktionslust und ästhetischer Genuss. Ist etwas leicht zu ersetzen, wird nicht viel Verlustangst geweckt, wenn es kaputtgeht. Ein Loch im Strumpf weckt kaum Gefühle, solange die Strumpfschublade gut gefüllt ist; handelt es sich um das letzte Paar, sieht das anders aus.

Wenn etwas Unersetzliches kaputtgeht, ist der emotionale Druck am größten – das lehrt der Campanile von San Marco. Was aber ist unersetzlicher als der eigene Körper? Daher kommen Reflexionen über die Kunst der Reparatur nicht an der Medizin vorbei.

Irgendwo im Organismus hat sich ein Teil entzündet, er schmerzt, der angesammelte Eiter drückt und gefährdet die Umgebung. Der Chirurg öffnet den Abszess, entfernt den entzündeten Blinddarm. Er löst die bösartige Geschwulst aus dem gesunden Gewebe oder ersetzt das schmerzende Gelenk durch eine Prothese. Wenn der Einbau gelungen ist, sagt der Operierte dankbar: Das hätte ich schon früher richten lassen sollen!

Solche Künste versprechen, den Menschen »wie neu« zu machen. Daher haben Chirurgen das höchste Prestige unter allen Spezialisten, die sich mit Reparaturen beschäftigen. Nur angesichts der Frage, ob sich eine Reparatur »lohnt«, geraten in der Medizin Ökonomie und Ethik in einen manchmal kaum lösbaren Konflikt. Eine befriedigende Lösung ist es nicht, wenn auf einer Warteliste für Herz- oder Lebertransplantationen die eingetragenen Patienten sterben, wenn die Krankenkasse bei einer 79-Jährigen das künstliche Gelenk bezahlt, beim 81-Jährigen nicht mehr.

Je mächtiger sie wird, desto mehr Illusionen weckt oder, genauer gesagt: erhält die Medizin, denn wir bringen diese Illusionen mit zum Arzt. Unser Ich-Bewusstsein entwickelt bei seinem Erwachen zwischen dem 14. und 20. Lebensjahr ein Körperbild, an dem es sehr hartnäckig festhält. Daher richten sich an die Heilkunst im Allgemeinen und die Chirurgie im Besonderen Erwartungen, die auf die Erhaltung und Wiederherstellung dieses Körperbildes hinauslaufen. Sie behaupten sich energisch gegen die Realität.

In einem geduldigen Gespräch mit ausführlichen Aufklärungen über den Befund und die Unmöglichkeit einer weiteren Operation hat der Krebspatient eingesehen, dass er auf die Palliativstation verlegt werden muss und bald sterben wird. Bei der Visite am nächsten Morgen sind diese Einsichten wie weggewischt. Der Kranke schaut dem Arzt in die Augen und sagt: Ich weiß, Sie werden mich operieren, damit ich wieder nach Hause kann!

Das chirurgische Modell der Behandlung des narkotisierten Patienten kann kein Vorbild einer psychotherapeutischen Intervention sein. Es ist bereits für die medizinische Praxis nur begrenzt tragbar. Ein Anspruch an die Heilkunde, die durch einen Mangel an Selbstfürsorge entstandenen Schäden zu beheben, überlastet alle Beteiligten. Es widerstrebt uns ebenso, dem zum Tode verurteilten Leberkranken die Transplantation zu verweigern, wie dem Alkoholiker eine neue Leber zuzugestehen, damit er noch eine Weile weitertrinken kann.

Unser Körper ist beides, Grundlage unseres Selbsterlebens und erlebtes Werkzeug des Ich, mit dem wir pfleglich oder nachlässig umgehen können. Die Kunst des Reparierens wirkt zurück auf diesen pfleglichen Umgang: Wer erfahren hat, wie schwierig es ist, die schartige Schneide eines Werkzeugs wieder glatt und scharf zu machen, der wird ganz anders mit diesem Werkzeug umgehen als der Ignorant, der es wegwirft, wenn er es verdorben hat.

Bei Werkzeug kostet Nachlässigkeit nur Rohstoff und Energie. Beim eigenen Körper sind die Schäden schnell angerichtet und mühsam zu beheben. Aus der genauen Beobachtung von Störungen lernen wir unseren Körper kennen und gewinnen ein elementares Wissen über seine Selbstheilungskräfte. Diese sind ein bis heute nur in Ansätzen erforschtes Rätsel. Immer noch ist an dem Bonmot viel Wahres: Medizin ist ein System von Ablenkungen, bis der Kranke von selbst gesund wird.

Wer sich den Magen verdorben hat, kann dem Arzt sagen, dass ihm schlecht ist und er ein Mittel dagegen haben möchte. Oder er kann die eigene Übelkeit befragen und aus ihr Hinweise gewinnen, woran es liegen könnte, was ihm schwer im Magen liegt und was er künftig meiden sollte.

Ähnliches gilt für Schmerzen von Muskeln und Gelenken: Sie entspringen oft der Achtlosigkeit gegenüber Unbehagen und leichten Schmerzen, die ein aufmerksames und entlastetes Ich als warnende Signale verstehen würde.

Vor vielen Jahren habe ich mit einer Motorsäge, auf der Leiter stehend, den Stamm einer Pappel von Ästen befreit, die zu viel Schatten auf die Terrasse warfen. Als ich einen stechenden Schmerz im Unterarm spürte, entschloss ich mich, ihn zu missachten und die Arbeit fertig zu machen. Ich sah im Schmerz einen Feind, ein Hindernis, das meine Erwartung durchkreuzte, gegen das ich ankämpfen wollte.

Solche Haltungen, eine wichtige (aber nicht die einzige) Ursache von Depressionen, werden in einer Leistungsgesellschaft schon früh eingeübt. Überall schwärmen Lehrer, Motivationstrainer und Vorgesetzte davon, die Komfortzone zu verlassen, den inneren Schweinehund wegzusperren und über die eigenen Grenzen hinauszuwachsen.

Der Schmerz in meinem rechten Arm verging nicht über Nacht, wie ich das bisher bei ähnlichen Schmerzen erlebt und womit ich fest gerechnet hatte. Er verwandelte sich in eine Symptomatik, die »Tennisellenbogen« genannt wird. Das ist eine traumatische, nicht infektiöse Entzündung der Sehnen im Unterarm, laut Lehrbuch ausgelöst durch »unphysiologische Bewegungsmuster« - in meinem Fall nicht allein die vibrierende und höchste Konzentration fordernde Kettensäge, sondern die gegen die angeborene Sensibilität meines Körpers gerichtete Leistungshaltung: Die Aufgabe muss erledigt werden, der Tapfere kennt weder Müdigkeit noch Schmerz.

Ich war damals um die vierzig Jahre alt und erlebte zum ersten Mal, dass ein Stressschmerz an Muskeln und Sehnen nicht nach ein paar Tagen nachließ. Im Gegenteil, er wurde schlimmer, und ich hatte noch nicht einmal einen Namen dafür. Nach zwei Wochen ging ich zu einem Orthopäden. Ich kannte ihn nicht, aber seine Praxis lag günstig neben meiner. Er hörte kurz zu, befühlte den Arm, zog eine Spritze auf, wollte eine Injektion vornehmen. Ich fragte, ob er mir erklären könne, woher der Schmerz käme. Er sagte »Tennisellenbogen« und stieß die Nadel in den Unterarm. »Das sagt mir nichts, und ich spiele kein Tennis!«

»Ich sehe schon, Sie sind einer, der es genau wissen will«, stellte der Orthopäde fest. »Sie werden noch gelasert, dann kommen Sie in einer Woche wieder. Sie brauchen mindestens sechs Behandlungen.«

Ich habe diesen Arzt nie wieder aufgesucht. Ein paar Tage später erzählte ich einer Kollegin, mit der zusammen ich damals eine Therapiegruppe leitete, von meinem Missgeschick. Sie war vor ihrer psychoanalytischen Ausbildung viele Jahre lang praktische Ärztin. »Es gibt Leute, die gehen mit einem Tennisellenbogen von Arzt zu Arzt und machen alles Mögliche, Spritzen, Krankengymnastik und Laser, manche lassen sich sogar operieren. Andere machen überhaupt nichts, und nach einem halben Jahr ist es vorbei. Schonung tut auf jeden Fall gut.«

Ich schonte also den Arm und tat sonst nichts. Der Schmerz war hartnäckig, aber es war möglich, sich sozusagen um ihn herum zu bewegen. Anfangs grämte ich mich – würde ich nie wieder die Kettensäge benutzen dürfen?

Es kam anders. Der Schmerz verging völlig. Ich habe noch oft mit der Kettensäge gearbeitet. Aber ich behielt den Schmerz im Gedächtnis. Sobald er sich leise ankündigte, beim Arbeiten mit der Säge und – unerwartet, aber physiologisch wohl konsequent – beim Orangenschälen und bei manchen Schnitzarbeiten, hörte ich sofort auf und wartete ein paar Tage mit dem nächsten Versuch.

Ich bin zufrieden mit dieser »Reparatur«, die mit dem Richten eines Regenschirms mehr verbindet, als es auf den ersten Blick scheint. Ein Teil der Schnittmenge ist das Beharren auf Autonomie. Was ich selbst kann, mache ich möglichst auch selber, vor allem wenn es sich um eine Aufgabe handelt, an der ich meine Geschicklichkeit üben kann. Daher meide ich den Arzt, der meine Autonomie nicht respektiert und mich nicht über das informiert, was ich über meine Störung wissen möchte.

DIE KUNST DER (SELBST-)REPARATUR

Die Kunst der (Selbst-)Reparatur liegt darin, den Weg zwischen dem Pol der Expertenhörigkeit und dem Gegenpol der Nachlässigkeit zu finden. In einer Welt von Spezialisten ist die Versuchung groß, diesen entweder blind zu vertrauen oder sich ganz von ihnen abzuwenden.

Problematisch ist eine Zwischenlösung: das Sektieren. Wer dem eigenen Urteil ebenso wie dem Medizinsystem misstraut, sucht Zuflucht bei einem Guru, der von sich behauptet, den richtigen Weg zu kennen und alle Krankheiten zu heilen. Eigene Ratlosigkeit ist oft produktiver als fremde Erleuchtung. Eine Bekehrung nützt dem Guru, während sie die autonomen Fähigkeiten seines Opfers schwächt.

Die erste Pflicht der helfenden Berufe liegt darin, sich den Selbstheilungskräften nicht in den Weg zu stellen. In der Psychotherapie ist die Selbstinszenierung als wegweisende Idealgestalt besonders problematisch, wenn sie einen Klienten davon abhält, seinen eigenen Weg zu finden. Die Therapie soll ihre Schützlinge darin unterstützen, sich an eigenen Gefühlen zu orientieren und sich nicht die narzisstischen Bedürfnisse des Helfers einpflanzen zu lassen, der seine Größe durch die Zahl seiner Anhänger steigern möchte.

Die Kunst des Reparierens hat viel mit der Freude an Zuständen zu tun, die unvollkommen sind und von uns verlangen, etwas auf einem niedrigeren Niveau neu zu organisieren. Sie ist im Feld der Lebenskunst eng mit dem konstruktiven Umgang mit Einschränkungen verbunden, die mit dem menschlichen Lebenszyklus verflochten sind.

Die körperliche Leistungsfähigkeit des Menschen erreicht kurz nach der kompletten Ausreifung des Organismus ihren Höhepunkt. Viele Spitzensportler sind mit 30 Jahren »alt«. Aber auch die nackte Intelligenzleistung nimmt nach ihrem Höhepunkt im Alter zwischen 14 und 16 Jahren wieder ab, sehr langsam, durch Erfahrung kompensiert. Sprachen oder körperliche Fertigkeiten werden nie wieder so schnell erworben wie im frühen Erwachsenenalter.

Ob auch die Fähigkeit des Organismus abnimmt, sich nach Überlastungen zu heilen, sollten wir nicht zu genau wissen wollen. Denn die beteiligten Vorgänge sind viel zu komplex, viel zu tief in unseren unbewussten Reaktionen und in dem Zusammenspiel von Immunabwehr und Hormonausschüttung verankert, um sie mit der simplen und negativen Autosuggestion einer verschlechterten Selbstheilung im Alter zu erfassen.

Regeneration, Selbstreparatur, gehört zum Lebensprozess und endet erst im Tod. Der alternde Körper hat schon viel bewältigt; es stärkt ihn, ihm zu vertrauen, und schwächt ihn zu verzagen. Das bewusste Ich entsteht in einem Leib, der ohne sein Zutun entstanden ist und unabhängig von seinen Entwürfen sterben wird. Das war so, ist so, und ob es immer so bleiben wird, wissen wir nicht.

So gewiss also das Leben endet, so eindeutig ist auch, dass wir im Erleben dieser ständigen Selbstreparatur Kälte und Tod nicht nur ignorieren dürfen, sondern es voller Freude tun sollten, solange es eben geht. Zu einem pfleglichen Umgang mit uns selbst gehört die Übung von Achtsamkeit, von Respekt vor der eigenen Belastbarkeit. Angst und Schmerz sind Signalgeber, nicht Aspekte eines inneren Schweinehundes, die verdrängt werden müssen.

Ein vierzigjähriger Klient humpelt an Krücken in die Therapiegruppe. Er hat sich den Unterschenkel gebrochen. Der Mann war zum ersten Mal in diesem Winter beim Skifahren. Er hält sich für einen ausgezeichneten Skifahrer, aber er hatte doch den Eindruck, dass er etwas eingerostet sei, und wollte es eigentlich gemütlich angehen lassen – bis ihn ein Jugendlicher überholte. Das wollte er sich nicht bieten lassen, er legte an Tempo zu, übersah eine Eisplatte und stürzte. »Diese Saison ist gelaufen. Ich habe Schrauben und Platten im Bein. Ich weiß nicht, ob ich nächstes Jahr noch einmal starten werde. Es macht doch keinen Spaß, wenn man nicht mehr so kann wie früher!«

Der gute Vorsatz zum pfleglichen Umgang hatte der ersten Verführung zum narzisstischen Beweis nicht standgehalten. Statt zu akzeptieren, dass wachsende Vorsicht kein Zeichen von Feigheit ist, beharren Erfolgsautoren der Konsumgesellschaft auf der manischen Abwehr einer schonenden Langsamkeit. Wer alt wird und das sich selbst und anderen eingesteht, tut nicht genug, um *forever young* zu bleiben, er ist ein Feigling, der sich dem Alter nicht in den Weg stellt.

Letztlich kann nichts den Alterungsprozess stoppen; umso hektischer verjüngen sich die *Lifestyle*-Symbole. In den Warteschlangen derer, die für das jüngste Smartphone-Modell dessen zwei

Jahre alten Vorgänger in die Schublade legen, hat die Kunst der Reparatur wenig Anhänger. Lange Jahre lautete das Motto eines der digitalen Giganten namens Facebook: *Move fast and break things.*

Kapitel 4

MIT DEM MANGEL LEBEN

Es gibt Menschen, die eine Sache schon beim kleinsten Mangel ablehnen – mit solch einer Haltung zeigt man nur, dass man nichts verstanden hat.[13]

Die Reparatur ist ein unterschätzter Teil der Lebenskunst. Diese Einsicht ist vor allem in japanischen Traditionen verankert.[14] Dafür stehen zwei Begriffe: *Wabi* und *Sabi*. Ursprünglich bedeutete *Wabi* Armut und Rückzug in Einsamkeit und ein bescheidenes Leben in der Natur; *Sabi* verwelkt, gealtert. Die Begriffe wurden aber schon seit dem 14. Jahrhundert positiver besetzt. Gegen die laute, prunkvolle, perfektionistische Ästhetik einer dominanten Kultur wurden *Wabi* und *Sabi* zur Suche nach Schönheit an überraschender Stelle, im Löwenzahn in der Pflasterfuge, in der Flechte auf dem Felsen.

In einer Auseinandersetzung mit dem höfischen Prunk der Shogun behauptete sich eine Ästhetik der Unvollkommenheit, des Einfachen. Heute werden beide Begriffe, *Wabi und Sabi,* wie einer verwendet. Sie feiern die Schönheit des Mondes gegenüber dem Strahlen der Sonne, die der knorrigen Kiefer gegen den blühenden Kirschbaum, die Rostspuren am Wasserkessel aus gegossenem Eisen, die verlaufende, erdfarbene Glasur der getöpferten Schale.

Wabi meint eher die bewusste Unvollkommenheit in der Produktion, *Sabi* die Gebrauchsspuren. Eine der Bedeutungen von *Sabi* ist »Rost« – der Europäer greift zur Drahtbürste und zum Rostumwandler; der von *Sabi* inspirierte Japaner lässt den Rost, wo er keinen Schaden anrichtet, und nennt ihn womöglich auch noch die »Blume der Zeit«.

Die Kunst der Reparatur ist in Japan zu einer in keiner anderen Kultur auffindbaren Vollkommenheit gediehen. Ein Beleg dafür ist *Kintsugi* (wörtlich: »Goldverbindung«). Zerbrochene Schalen werden mit dem Harz des ostasiatischen Lackbaums *(Rhus vernicifera)* nicht nur geklebt, sondern das herausquellende Material wird mit Goldstaub bepudert.

Dieses *Urushi*-Harz wird seit der Jungsteinzeit gebraucht. Es diente anfangs dazu, Feuersteinspitzen in Pfeilschäften zu befestigen. Später entwickelte sich eine ganze Kunstrichtung der »Lackarbeiten«, in denen mit Zinnober rot oder mit feinstem Ruß schwarz gefärbtes *Urushi* in vielen Schichten auf Papier oder Holz aufgetragen wird.

Die mit dieser Technik geflickten Schalen sind Kunstwerke eigener Art. *Urushi* ist etwas elastisch; wenn kleine Stücke fehlen, lassen sie sich aus dem Material ergänzen. Feine goldene Adern zeichnen die Umrisse der Scherben nach, die sich in ein gebrauchsfähiges Gefäß zurückverwandelt haben. Während frisches *Urushi* die

Kintsugi-Schale (Lizenz: Haryagato/Wikipedia).

Diese reparierte Teekanne aus Pakistan findet sich im Depot des einstigen »Kolonialmuseums« (heute »Tropenmuseum«) in Amsterdam.[37]

Haut reizt (der amerikanische Giftsumach *Poison Ivy* ist ein Verwandter des Lackbaums), ist das durchgetrocknete Harz lebensmittelecht.

Wir müssen nicht unbedingt nach Japan reisen, um dieser bedeutungsvollen Geste zu begegnen: etwas wieder in gebrauchsfähigen Zustand zurückzuversetzen und aus dem durchlittenen und überwundenen Defekt Stolz und Sicherheit zu gewinnen.

Wer sich für altes Gerät interessiert, wird Reparaturen begegnen, die so sorgfältig ausgeführt sind, dass sie den Gebrauchswert des Ganzen nicht gefährden. Sie machen ein Ding menschlicher. Selbst eines, das aus Maschinen geboren wurde, trägt nun die Spuren von Handarbeit. Mit ihrer Hilfe hat es dem Schicksal getrotzt, das alles Vergängliche irgendwann ereilt.

PERFEKTIONISMUS UND ANGSTABWEHR

Wer eine gekonnte Reparatur betrachtet, kommt dem »stirb und werde« näher. Es bereitet uns darauf vor, dass im Leben nie alles glattgeht und wir uns doch immer wieder freuen dürfen, wenn wir ein Hindernis überwunden haben. Allerdings scheint es gegenwärtig den Menschen viel schwerer zu fallen, mit Unvollkommenheiten zu leben. Psychologisch lässt sich das mit dem Regelkreis von Perfektionismus und Angstabwehr verbinden.

Wenn ich hungrig bin, scheint es am bequemsten, möglichst schnell etwas zu essen. Das tun Kinder – sie werden oft ermahnt, sich vorher Hände zu waschen, sich erst hinzusetzen oder gar zu warten, bis alle sitzen, sich auf keinen Fall aus Töpfen und Pfannen zu bedienen oder den rohen Kuchenteig zu dezimieren. Dem wohlerzogenen Erwachsenen schmeckt das Essen erst, wenn es ordentlich auf dem Teller liegt.

Ein anderes Beispiel: Die Angestellte will ihren Feierabend genießen. Sie hat sich gerade mit der Zeitung in einen bequemen Sessel gesetzt, als ihr Blick auf ein Bild an der Wand fällt, das leicht schief hängt. Sie versucht, es zu ignorieren, findet aber keine Muße mit ihrer Lektüre, ehe sie nicht aufgestanden ist und das Bild gerade gerückt hat.

Jede Unordnung erinnert an Chaos, und je mehr wir das Chaos fürchten, desto aktiver kämpfen wir gegen seine ersten Boten und Kundschafter. Es gibt da deutliche kulturelle Unterschiede: Als ich das erste Mal in Paris war, wunderte ich mich sehr über die viel höhere Toleranz der Pariser gegenüber Kratzern und Beulen an ihren Autos.

Der Schaden versetzt mich in Unruhe, wenn ich Störungen nicht realistisch, sondern perfektionistisch erlebe. Perfektionismus funktioniert nach dem Alles-oder-nichts-Prinzip; entweder ist etwas gut, oder es ist mangelhaft. Es gibt die Position »gut genug« nicht – beim Auto nicht, in mitmenschlichen Beziehungen nicht, im Umgang mit den Dingen nicht. Das psychologische Problem ist die destruktive Seite des Perfektionismus: Meine Eltern haben Fehler gemacht – also breche ich mit ihnen! Mein Partner gibt seine Stammtischfreunde nicht auf – also trenne ich mich! Mein Chef hat mir die Gehaltserhöhung verweigert – ich kündige. Perfektionismus spaltet das Erleben, es gibt nur Schwarz und Weiß. Besonders attraktiv sind solche Einstellungen für Personen, die sich schlecht entspannen, das heißt ihre elementare Flucht-Kampf-Reaktion schlecht steuern können.

Hier hängen Perfektionismus und manisch-depressive Zyklen zusammen. Wer an den perfekten Beruf, die perfekte Beziehung glaubt, reagiert mit manischer Selbstüberschätzung, wenn er sich im Erfolg fühlt, und kippt in die depressive Verzweiflung, wenn er Mängel in seinem Konzept nicht mehr leugnen kann. Wenn ich etwas »gut genug« finde, falle ich nicht aus allen Wolken, wenn ich einen Fehler entdecke. Ich kann abwägen, ob ich fliehen, kämpfen oder aushalten möchte; ich stehe nicht unter Zwang.

Perfektionistische Haltungen werden durch die Werbeindustrie ebenso gefördert wie durch die Digitalisierung schlechthin. Im Digitalen gibt es ja erst einmal kein Ungefähr, nur Einsen und Nullen; entweder funktioniert eine Eingabe, oder sie ist in einem Punkt fehlerhaft, und dann funktioniert eben gar nichts. Es ist anders als in einem analogen Vorgehen, wo die Ganzheit erhalten bleibt, auch wenn ein Detail fehlerhaft ist.

BILDERFLUTEN

Nie werden Dinge so perfekt dargestellt wie in der Werbung; es gibt inzwischen eine Bildbearbeitungsindustrie, die dafür sorgt und den Sog in dieser Richtung verstärkt. Eine der heftigsten psychischen Überlastungen durch die Digitalisierung hängt mit der immensen Bilderflut zusammen, mit der uns die Bildschirmmedien überschwemmen. Dadurch entsteht eine Unruhe, die Energie kostet. Die Bilder saugen uns in einen Strudel, der aus einer spontanen Freude am Schönen und Aufregenden seine Kraft gewinnt.

Diese Kraft wird zum Verhängnis, sobald uns die überoptimale Welt ständig begleitet. Sie bleibt nicht mehr, wie ein Theater- oder Zirkusbesuch, die klar vom Alltag getrennte Ausnahme. Wir sind dauernd dem Vergleich mit einer optimierten Welt ausgesetzt, in der alles attraktiver ist, als wir es selbst sein können - die Dialoge ausdrucksvoller, Gesichter und Körper schöner, die Ereignisse dramatischer. Von Stunde zu Stunde, von Tag zu Tag entfernen sich viele Menschen durch den bedrückenden Vergleich mit dieser Welt mehr von dem Selbstgefühl, eine produktive Rolle spielen zu können.

Die Unzufriedenheit junger Menschen mit ihrer Figur, ihrem Aussehen, ihrem biologischen Geschlecht wächst. Die eigene körperliche und psychische Realität wird nicht angenommen, sie soll ganz anders werden. Das sind dann oft keine Reparaturen eines Schadens mehr, sondern Beschädigungen des gesunden Organismus.

Es ist zu wenig, nach *Toleranz* für Unvollkommenheit zu rufen. *Wabi Sabi* lehrt etwas anderes: die Entdeckung der *Schönheit* in dem, was dem wertenden Blick als Mangel erscheint: Falten in einem Gesicht, Gebrauchsspuren an einem Gerät, Narben, Asymmetrie. Ein »zu kleines« Kinn, zwei unterschiedlich große Brüste, Haare, die an anderen Stellen wachsen (oder nicht wachsen), als es »perfekt« wäre - wir können danach streben, hier Fehler zu sehen, die einer Norm weichen sollten, oder Eigenarten, die auf ihre Weise kostbar sind.

Die Brandung der glücklichen Bilder führt dazu, dass die romantische Position der Unerreichbarkeit des Ziels (»dort, wo du nicht bist, ist das Glück«) in ein Wechselspiel von Versagensschuld und Hoffnungsdruck kippt.[15] Die Zahl der Menschen wächst, die auf der Suche sind, aber nie ankommen. Sie fühlen sich im falschen Land, im falschen Beruf, in der Ehe mit dem falschen Partner, selbst im falschen Körper gefangen. Sie sind überzeugt, dass sie diese Unzufriedenheit nur heilen können, wenn sie das verlassen, selbst zerstören, was sie daran hindert, sich dort zu beheimaten, wo es nicht mehr falsch ist und - so die Illusion - deshalb doch richtig sein muss.

So entsteht eine tückische Ruhelosigkeit, erfüllt von der Sehnsucht, endlich Frieden zu finden. Dieser Friede wird nicht in dem liebevollen Umgang mit dem Bestehenden und seinen Mängeln gesucht, sondern darin, es hinter sich zu lassen und eine neue Ganzheit zu finden.

Eine gelingende körperliche und seelische Entwicklung orientiert sich an der Wirklichkeit und nicht an Fantasien über die Möglichkeiten, in einer optimierten Hyperrealität einen Platz zu finden. Perfide Angebote vom Typ *Deutschland sucht den Superstar,* Eltern, die ein Topmodell oder einen Leistungssportler heranziehen wollen, ängstliche Durchschnittseltern, die um ihr Kind fürchten, wenn es keine guten Noten schreibt und nicht genug Freunde hat – sie alle erschweren es, mit den Mängeln zu leben, die jeder Mensch mit sich trägt.

Die Flut der Bilder lässt Quantität in eine neue Qualität umschlagen: Die Bindung an die Wirklichkeit wird ebenso wie Trauerarbeit erschwert. Trauer würde uns dabei unterstützen, die Einschränkungen zu verarbeiten, die wir von Geburt an mit uns tragen und denen die Verarbeitung der frühen Kindheit und der Elternbilder oft noch Lasten hinzufügt. Ein Traumland lockt, in dem endlich alles gut ist.

Keine Generation vor den Kindern und Jugendlichen heute wurde so dauerhaft und intensiv mit Bildern hypnotisiert, die Grenzüberschreitungen normal erscheinen lassen. Die Fata Morgana der Reisenden in der Wüste ist weit entfernt und leicht als Trugbild zu erkennen. Aber Illusionen von großem Glück und absoluter Erfüllung werden uns zum Greifen nahe gebracht, nur einen Wisch, einen Klick entfernt.

Die Folge ist ein Zustand, den man Attraktivitätsverlust der Wirklichkeit nennen könnte. Vom Überoptimalen in den zugespielten Bilderwelten verwöhnt, von der absoluten Kontrolle über sie fasziniert, findet eine wachsende Zahl junger Menschen den erotischen Kontakt mit Bildern attraktiver als den mit realen Menschen.

Umfragen unter jungen Erwachsenen in den USA haben ergeben, dass die Häufigkeit sexueller Kontakte in der Altersgruppe der

18- bis 29-Jährigen dramatisch abgenommen hat, seit Pornografie im Internet allgemein zugänglich ist. 23 Prozent von ihnen hatten im letzten Jahr keinen Sex außer Selbstbefriedigung. Das ist viel mehr als in den anderen Altersgruppen, deren Quoten seit Ende der 1980er-Jahre mit 7 bis 13 Prozent Liebesvermeidern recht konstant geblieben ist.

Parallel dazu hat auch die Zahl der jungen US-Amerikaner stark zugenommen, die sich ihres Körpers schämen, weil er dem Schönheitsideal der Bilderwelt nicht entspricht. Dating-Apps haben sich als Bumerang erwiesen: Sie bedeuten viel Sex für eine aktive und attraktive Elite, aber wenig Sex und viel Scham für alle, die sich der Konkurrenz nicht gewachsen fühlen.

Kapitel 5

DER UNTERRICHT IN AUTONOMIE FÄLLT AUS

Es gehört zur Grundstimmung des frühen Erwachsenenalters, in die Ferne aufzubrechen. »Auf Fahrt gehen« hieß das bei den Pfadfindern und in der Jugendbewegung. Mein zwei Jahre älterer Bruder und ich beluden in den Sommerferien unsere Mopeds mit Zelt und Schlafsack. Ziele waren 1958 Ravenna und 1959 Genua.[16] Wir brauchten ungefähr drei Wochen hin und zurück, nahmen Brot, Margarine und eine Erbswurst mit, holten Wasser für die Feldflaschen von öffentlichen Brunnen, kauften oder stahlen Obst, zelteten, wo es einsam war, möglichst an einem Bach, schwammen, wo es Fluss, See oder Meer gab. Am meisten kostete das Benzin.

Volljährig wurde man damals mit 21 Jahren; ich war bei der ersten Reise 17, bei der zweiten 18 Jahre alt. Unsere Mutter war also aufsichtspflichtig, aber das kümmerte weder uns noch sie. Wir waren uns einig, ohne Not keinen Pfennig an Telefonate zu verschwenden. Sie wären kompliziert gewesen; man musste spezielle Telefonmünzen *(gettoni)* kaufen und sich mit einem Barbesitzer verständigen. Wir schrieben eine Ansichtskarte, sobald wir das Ziel erreicht hatten.

Ich war gekränkt, weil mein Bruder bei einer Reifenpanne nicht half, sondern ungerührt auf mich herabsah. Aber es wäre mir nicht in den Sinn gekommen, mich über ihn zu beschweren, bei wem auch?

Ich dachte an solche Szenen, als vor einigen Tagen eine Mutter über ihr Wochenende berichtete. Die Akteure, ihre beiden Söhne, waren ebenso alt wie mein Bruder und ich auf der Fahrt nach Ravenna. Sie hatte einen beruflichen Termin; ihr Mann war auf Geschäftsreise in Übersee, die beiden Söhne waren zu Hause und sollten sich gemeinsam auf die Theorieprüfung für den Führerschein vorbereiten. Dabei kam es zu einem Konflikt mit einer Balgerei; der jüngere nannte seinen Bruder einen Idioten, mit dem er nichts zu tun haben wolle, und ging zu einem Freund.

Das ist das Skelett der Szene. Die Mutter war aufgewühlt. Sie schilderte, wie zuerst der jüngere Sohn sie angerufen habe und den älteren beschuldigte, dieser sei verrückt geworden (die Mutter ist Psychologin) und habe ihn geschlagen. Darauf telefonierte sie mit dem älteren, der ausführlich auf den kleinen Bruder schimpfte, der unverschämt sei und gesagt habe, er werde die Prüfung nie schaffen. Als er nicht lockerlassen wollte mit seinen Beschimpfungen, habe er sich gewehrt. Der Bruder solle nicht so tun, als wäre er das Opfer, der habe auch ausgeteilt, nicht zu knapp.

Die Psychologin fand keine Ruhe mehr in ihrem Seminar. Sie fühlte sich verpflichtet, etwas zu unternehmen, sich um das Leiden ihrer Kinder zu kümmern. Sie schwankte in ihrem Kummer zwischen dem Jüngeren, der so provokativ ist, und dem Älteren, der sich so wenig beherrschen kann.

Was hat sie in der Erziehung falsch gemacht? Was kann sie tun, dass die beiden sich besser vertragen? In ihr Grübeln mischt sich Ärger über ihren Ehemann, der sich davongemacht hat – bis dieser aus der Ferne anruft, ebenfalls höchst aufgeregt, denn auch der Vater ist über die Schlägerei unterrichtet worden und will jetzt von der Mutter wissen, warum sie die Kinder allein gelassen hat.

Den Streit der Brüder verstand ich gut. Ich bin selbst der Jüngere und kann mich an die Freude erinnern, wenn es gelingt, in die Rüstung des Vorsprungs von zwei Lebensjahren eine Delle zu schlagen oder geschickt zwischen die Panzerplatten zu stechen.

Die Aufregung der Kollegin freilich hob sich sehr von dem Gleichmut meiner Mutter ab, die von Geschwisterstreit nur genervt war.

Ich kann mich an keine Szene erinnern, in der sie mich oder meinen Bruder aufgefordert hätte, wir müssten einander »verstehen«. Der Ehestreit, wer denn nun die Kinder vernachlässigt habe, blieb ihr ebenfalls erspart; unser Vater war 1944 gefallen. Einen zweiten Mann ließ sie nicht mehr in ihr Leben.

In der Altsteinzeit der Kommunikation, in der wir aufwuchsen, erfuhr meine Mutter die Dinge nicht, die meiner ständig erreichbaren Kollegin in die Ohren stachen und die Kluft zwischen innerer Spannung und realer Ohnmacht vertieften. Es ist ja herzlos, dem eigenen, aufgeregten und gekränkten Kind das Gehör zu verweigern. Das hätte auch meine coole Mutter niemals getan.

Aber ihr Ohr fand eben nur, wer den Raum mit ihr teilte – und das war angesichts unserer Bedürfnisse, der häuslichen Enge zu entkommen, in diesem Alter eher die Ausnahme als die Regel. Jede Distanz, die nicht mit einigen Schritten zu überbrücken war, forderte von uns, mit aufgewühlten Emotionen alleine klarzukommen.

Die Krise musste vor Ort gelöst werden, mit den vorhandenen Mitteln. Das wichtigste Mittel war, sich zusammenzunehmen, sich zu verschließen, keine Reaktion zu zeigen, so zu tun, als ob alles normal wäre, auch wenn sich das in einem verängstigten und erzürnten Inneren ganz und gar nicht so anfühlte. Und indem wir den Anschein der Normalität aufrechterhielten, wurden wir auch wieder normal.

DIE ECHOKAMMER

Eine Familie mit drei adoleszenten Mädchen ist in heller Aufregung. Die mittlere Schwester will ihr Geschlecht verändern. Die anderen Familienmitglieder haben schon länger beobachtet, dass sie kaum von ihrem Smartphone wegzubringen war. Aber das ist relativ normal, »übertreibe nicht«, hieß es. Die Schulnoten waren in Ordnung. Sie ist jetzt 18 Jahre alt und besteht auf einem männlichen Vornamen.

Die Mutter ist vor allem perplex und ringt um Ruhe. Die Geschwister schimpfen, das sei doch abartig, sie solle mal heraus aus diesem Chat. So erfährt auch die Mutter, dass ihre Tochter ständig mit einer Gruppe Transsexueller kommuniziert, die sie mit detaillierten Informationen über das Leben im falschen Körper und die Möglichkeiten versorgen, an dieser Situation etwas zu ändern.

Anfangs hatte die Mutter noch gehofft, die Tochter werde sich beruhigen. Die Halbwüchsige wusste genau, dass sie für ihr Unternehmen einen Arzt brauchte, der es unterstützte, und dass sie sich einer ausführlichen Beratung unterziehen musste, um den in ihren Augen einzig denkbaren Weg für ihre Zukunft zu beschreiten: ein Mann zu werden.

Die in ihrem Chat verbundene Gruppe hatte sie über solche Einzelheiten aufgeklärt. Man erhielt dort auch Adressen von verständnisvollen Ärzten und Psychotherapeuten, Experten, die zum Teil aufgrund ihrer eigenen Geschlechtsumwandlung die Probleme Transsexueller kannten.

Während die Mutter versucht, ruhig zu bleiben und den Kontakt zu ihrer Tochter nicht zu verlieren, verliert der Großvater die Fassung, als er bei einem Besuch seiner Tochter vom Wunsch seiner Enkelin hört. Er schlägt mit der Faust auf den Tisch, dass die Frühstücksteller klirren, dann, erschrocken über den so wenig pädagogischen Affekt (denn er ist Lehrer für Deutsch und Geschichte), streichelt er wie in einer Geste der Wiedergutmachung die schmerzende Unterkante der rechten Hand und seufzt.

»Entschuldigung. Ich will es ja nicht schwerer machen, als es ist. Aber es ist doch klar: Ohne diese komische Versammlung, diesen Chatroom oder wie ihr das nennt, hätte das Kind den Gedanken längst wieder aufgegeben. Früher hat man gesagt, dass der Blinde den Lahmen stützt und der Lahme den Blinden führt. Heute scheint es so zu sein, dass Blinde und Lahme ihre eigenen Chatrooms haben, wo sie sich die Überzeugung abholen, dass es eine wunderbare Sache ist, blind zu sein oder lahm, und man sich deshalb wechselseitig beraten muss, wie man noch blinder, noch lahmer werden kann.«

»Du übertreibst, Papa!«

»Natürlich übertreibe ich. Ich kann mich auch noch ganz gut an meine eigene Pubertät erinnern. Ich fand es auch Mist, in einer Welt erwachsen zu werden, in der man so viel lernen sollte und so wenig tun konnte. Wir haben Karl May gelesen und uns in den Wilden Westen geträumt, wo Büffel, Bären und feindliche Indianer einem die Frage abnahmen, was sinnvoll ist an einem Leben, das vor allem darin besteht, auf Dinge zu warten, die dann doch nicht kommen, und das bis zum Ende des Studiums so weitergeht. Wie oft habe ich etwas gedacht wie: *Stop the world, I want to get off.* Aber es war doch auch klar, dass das nicht geht und dass es das Beste ist weiterzumachen!«

»Möchte mal wissen, wer den Spruch erfunden hat«, sagt die Tochter nachdenklich. »War das nicht etwas mit Musik?«

»Es ist ein Musical aus den 1960er-Jahren, eine Tragikomödie. Ein Mann macht Karriere, heiratet eine reiche Erbin und kapiert nicht, dass die Liebe zu dieser Frau sein Leben erfüllen könnte. Er hat Abenteuer mit anderen Frauen, fühlt sich aber immer wieder enttäuscht und möchte aussteigen. Erst nach dem Tod seiner ersten Liebe entdeckt er, was sie ihm bedeutet hat, und opfert sich für ein Enkelkind. Der Spruch soll ein Graffito sein, das die Autoren an einer Mauer gelesen haben.«

»Aber dann *verstehst* du doch, dass meine Tochter ein Mann sein möchte?«

»Natürlich verstehe ich, dass sie *aussteigen* möchte. Aber sie müsste doch klug genug sein, es nicht in diese Sackgasse zu machen! Seit sie Testosteron schluckt, ist nichts besser geworden. Ihre Haut ist schlechter, ihr Gesicht gröber, ihre Stimme rau.«

»Sein Gynäkologe hat gesagt, dass Testosteron auf ihn so wirken werde, als hätte er Pubertät und Menopause in einem.«

»Merkst du, wie du da redest? *Sein* Gynäkologe?«

»Wie soll ich sonst sagen? Er sagt das auch so, *mein Gynäkologe.* Wo soll er denn sonst hingehen?«

»Ich finde es falsch, das zu unterstützen. Sie wird kein richtiger Mann und ist keine richtige Frau mehr!«

»Ach Papa, du bist hoffnungslos altmodisch. Das gibt es doch längst nicht mehr, diese biologische Definition von Geschlecht. Mann sein, Frau sein, das sind soziale Konstruktionen, wie homosexuell sein oder heterosexuell.«

»Dass man Männer begehrt oder Frauen oder beides, das ist doch völlig in Ordnung und etwas ganz anderes, das wusste schon Platon. Zuerst einmal sollten Frauen und Männer ihren eigenen Körper lieben, würde ich sagen. Und diesen Körper kann man doch nicht einfach stoppen und aussteigen, als ob man in den falschen Bus geraten wäre!«

»Ich habe doch keine andere Möglichkeit. Wenn ich versuche, sie zu dem zu bringen, was du für vernünftig hältst, bricht sie den Kontakt ab. Ich habe Angst um sie. Sie braucht mich doch. Ich würde auch zu ihr halten, wenn sie Drogen nimmt oder magersüchtig wird. So, wie es jetzt ist, hat er immerhin ein Ziel, er will Maschinenbau studieren. Seit dieser Idee mit der Geschlechtsumwandlung hat er bessere Noten in Mathe und Physik.«

»Meine Güte, bin ich froh, dass ihr mir dieses Problem nicht gemacht habt! Und wie soll das weitergehen? Will sie ... will er sich dann umoperieren lassen?«

»Er sagt, dass er das noch nicht weiß. Sein Wunsch wäre es, aber bei der Operation kann viel schiefgehen, außerdem ist sie teuer und wird nicht von der Kasse bezahlt. Er hat eine Freundin, die das mit ihm durchstehen will.«

»Ich hatte schon früher so eine Ahnung, sie könnte lesbisch sein.«

»So darfst du nicht reden. Er legt Wert darauf, dass er empfindet wie ein Mann und dazu verurteilt war, im falschen Körper zu leben.«

»Wenn das so weitergeht, haben wir noch Paare, bei denen eine Frau, die ein Mann sein möchte, mit einem Mann zusammenlebt, der eine Frau sein möchte. Die haben dann Verständnis füreinander.«

»Sei nicht sarkastisch! Es ist leicht, sich zu empören, aber schwer zu verstehen. War die Welt früher besser, als solche Mädchen ihre Wünsche nicht ausformulieren konnten, weil es diese Echokammern nicht gab?«

»Ich fürchte, dass das niemand weiß. Aber wohin soll das führen? Und können wir es uns auf Dauer leisten? Je mehr Echokammern, desto weniger Übung im Ertragen. Heute möchten alle siegen. Aber Rilke sagt: *Wer spricht von Siegen? Überstehn ist alles!*[17] Es geht doch um ... Trauerarbeit. Die ist zu leisten, wenn ich lieber eine Frau wäre, aber eben als Mann geboren bin. Wenn es keine andere Möglichkeit gibt, als im Kopf dem Körper zu folgen, dann muss das eben abgetrauert werden.

Solange niemand eine Nase schöner operieren kann, muss die Psyche den Konflikt zwischen Ideal und Wirklichkeit verarbeiten. Aber sobald die kosmetische Chirurgie eingeführt wird, muss ich nicht mehr meine Gedanken ändern, ich kann meine Nase ändern. Die Front der Ärzte und Psychologen spaltet sich, manche fordern nach wie vor, die Psyche müsse das leisten, andere finden das grausam, denn es sei doch viel wirksamer und einfacher, die Nase zu ändern als die Bewertung der Nase.«

»Aber du kannst doch nicht bestreiten, dass jemand besser mit dem Leben zurechtkommt, weil er endlich die Nase hat, die er schon immer haben wollte?«

»Aber die große Nase war genauso gesund – hat vielleicht sogar besser funktioniert als die operierte! Sie war etwas Persönliches, nichts Angepasstes. Haben wir nichts Wichtigeres zu tun?«

»Anscheinend nicht.«

»Ich habe in der *Zeit* ein Protokoll entdeckt – ein 36-jähriger Psychologe, der sich den Penis größer operieren ließ.[18] Er hat sich immer schlecht ausgestattet gefühlt, hat sich in der Sauna und in öffentlichen Duschen vor anderen Männern geschämt und die Hand vorgehalten. Die Operation hat über zehntausend Euro gekostet, und der Penis ist jetzt im nichterigierten Zustand nicht mehr nur sechs Zentimeter, sondern zwölf Zentimeter lang, liegt also über dem Durchschnitt deutscher Männer mit neun Zentimetern.

Die Operation war ambulant, schmerzhaft und kompliziert, weil der Penis gestreckt werden musste, bis alles verheilt war. In der Operation wird vor allem Fett eingespritzt. Der Mann hat jetzt keine Angst mehr, sein Glied in der Sauna zu zeigen – er macht jetzt womöglich anderen Angst, die nicht aufgespritzt sind. Er berichtet auch, dass er mehr Freude am Sex hat.«

»Was seine Freundin zu dem Unternehmen sagte, steht nicht im Protokoll?«

»Kein Wort. Das ist auch mir aufgefallen. Wenn sie zufrieden ist, warum etwas ändern? Aber es geht um ihn, um seine Ängste. Der Freud-Schüler Ferenczi hat von der Männerfantasie berichtet, der Penis sei zu klein. Er sieht darin eine Störung des Selbstgefühls. Das Problem fängt wahrscheinlich schon an, wenn jemand daran denkt, seinen Penis zu messen. Der Narzissmus definiert das ideale Körperbild; der Chirurg repariert keinen Schaden, sondern er schädigt gesundes Gewebe, um ein Phantasma zu realisieren.«

»Frauen interessiert die Penisgröße weniger als Männer. Guter Sex hat damit nichts zu tun. Das ist eine Männerfantasie.«

»Wie dem auch sei – es geht doch immer darum, ob eine Selbstgefühlskrise mit seelischen Mitteln oder durch äußere Veränderung überwunden wird. Genauer gesagt: ob wir die Fähigkeit der Psyche hochschätzen und unterstützen, mit Krisen fertigzuwerden, oder ob wir uns der Angst unterwerfen, das sei nicht zu schaffen, und uns den Kurs von den narzisstischen Ängsten diktieren lassen: Mit dieser Nase, diesem Penis, diesem Körper kann ich nicht leben, sie müssen manipuliert werden!«

»Aber es ist doch ungerecht, wenn andere Leidenszustände behoben werden können und ausgerechnet ich den meinen ertragen soll!«

Ich habe hier versucht, die Vielschichtigkeit der »Reparatur« von Störungen des Selbstgefühls in einer Erzählung zu fassen und die Nöte der Beteiligten Leserinnen und Lesern nahezubringen. Wenn das eigene Kind sich glühend wünscht, was ich als Elternteil lieber durch Trauerarbeit erledigt sähe – soll ich mich verweigern, auch wenn dadurch die Kontaktbrücke brüchig wird, soll ich zustimmen, obwohl ich gegen einen kosmetischen Eingriff bin? Ich kann da keine Entscheidungshilfe anbieten und bin selbst in vergleichbaren Situationen »schwach« geworden, habe die Bindung triumphieren lassen.

Ich kritisiere eine Konsumkultur, die Eltern solche Konflikte aufzwingt und die Fantasie von Jugendlichen in materielle Bahnen lenkt. Es handelt sich um Störungen der Fantasie, die von der Gesellschaft nicht spiritualisiert, sondern materialisiert werden. Ich erinnere mich an ein Alterswerk des Kulturanthropologen Wilhelm Emil Mühlmann über »Die Metamorphose der Frau – Weiblicher Schamanismus und Dichtung«,[19] in dem er mit vielen Quellen beschreibt, dass unter allen Umformungen durch die Hochkultur ein primär weiblicher Schamanismus fortlebt, dessen zentrale Qualität die Verwandlung ist – in ein Tier, in einen Fluss, in einen Sturm, in ein anderes Geschlecht.

In der Erotik prallen Kultur und Körper zusammen; die Kultur schafft die Geschlechter, indem sie diese in einen Kokon spinnt, wobei »spinnen« und »weben« weibliche Aktivitäten sind – »Wirklichkeit ist ein Webstuhlwort«, konstatiert Mühlmann. In der Adoleszenz bieten die Stammeskulturen an, diesen Kokon zu wählen, auch wenn er einen anderen Körper birgt, als das »normalerweise« der Fall ist. Im Konsumismus werden dann Zurüstungen vermarktet, Zerrbilder einer ehrlichen Reparatur, die den Körper unter großen Opfern normieren und den Kokon zerstören.

Manipulationen mit Hormonen und Operationen sollen seelische Arbeit abkürzen, ja sie ganz entbehrlich machen. Was früher die Begrenztheit unserer technischen Mittel erzwang, wird heute zur ethischen Frage. Kann der Staat zulassen, was möglich ist, von der kosmetischen Operation bis zur Geschlechtsumwandlung, von der künstlichen Befruchtung bis zur Eizellspende und Leihmutter? Die Rechtslage ist unübersichtlich. Deutsche Paare, die sich ihren Kinderwunsch nur durch eine Eizellspende erfüllen können, reisen nach Tschechien oder Spanien.

Bedenkzeiten, Beratungs-, ja Psychotherapiepflicht, finanzielle Hürden für Eingriffe wirken angesichts der grundlegenden Fragen ihrerseits kosmetisch. Sie geben vor, dass sich eine objektive Rangordnung zwischen erträglichen und unerträglichen Leiden finden lässt – eine Illusion von Anfang an.

Weder die kosmetische Operation noch die Anpassung des Körpers an ein im Erleben »richtigeres« Geschlecht haben etwas mit der Kunst der Reparatur zu schaffen. Es geht nicht darum, eine Funktion wiederherzustellen, sondern eine Selbstgefühlsstörung mit technischen Mitteln anzugehen, im Fall der Geschlechtsumwandlung um den hohen Preis einer irreparablen Zerstörung.

In der Fragebogenforschung hören wir aus den Echokammern, dass Operierte und Umgewandelte nachher zufriedener sind. In der therapeutischen Praxis begegnen wir Einzelfällen mit schwerwiegenden Symptomen, die sich als Opfer eines zerstörerischen Geschehens fühlen, nicht mehr das eine, nicht wirklich das andere, verirrt auf der Suche nach einem Trugbild.

REPARIEREN, MANIPULIEREN, FIXEN

In den USA, dem Land der unbegrenzten Möglichkeiten und des oft sehr begrenzten Nachdenkens über ihre Folgen, wird für Reparieren oft das kurze und vieldeutige *fix* verwendet. In einem Buch, das »typisch männliche« Sprüche sammelte, habe ich den Satz

I will fix it, even if it kills me als »männlich« gelesen: »Ich krieg das hin, auch wenn ich dabei draufgehe!« In der Reparaturbewegung wird eher zitiert: *If you cannot fix it, you don't own it:* »Was du nicht richten kannst, gehört dir nicht.«

Fixen und Fixer haben wir in Deutschland als Slang für den Konsum harter Drogen, vor allem von Heroin, kennengelernt. Ein Fixer spritzt den Stoff direkt in die Vene; handwerkliches Geschick gehört dazu. Ich erinnere mich an eine Anekdote aus der Supervision. Der Arzt versucht vergeblich, bei einer Blutabnahme mit der Injektionsnadel eine von vielen Einstichen vernarbte Vene zu punktieren. »Gib schon her«, sagt der Fixer. Beim ersten Stich sitzt die Nadel dort, wo sie hingehört.

Fix ist kürzer, härter, schneller als das eher weiche Wort *repair.* Beide leiten sich aus dem Lateinischen ab; das Verb *figere* (befestigen) ist vor allem über das Partizip *fixus* (fest, befestigt) in andere europäische Sprachen gekommen. Im Deutschen bedeutet »fix« sowohl schnell und wendig wie fest (ein fixer Kerl/eine fixe Summe). *Reparare* heißt ganz wörtlich »zurück bereiten«.

Die semantischen Unterschiede zwischen fixen und reparieren passen zu den Lauten: Fixen klingt schnell, hastig, entschieden und ein wenig rücksichtslos; reparieren bedächtig und umständlich. Reparieren orientiert sich am Ursprung einer Funktion und an ihrer Wiederherstellung. Manipulieren ignoriert solche Ursprünge ebenso wie ihre Wiederherstellung; es geht um eine Umformung entlang eigener Gedanken und Wünsche.

Fixen würde auch zu kosmetischen Operationen passen – eine krumme Nase, einen »zu kleinen« oder »zu großen« Busen – fix it! Von Reparieren kann in diesen Fällen nicht die Rede sein. Fixen nimmt eine Manipulation in Kauf: Wenn ich die Droge direkt in die Ader spritze, ist die Wirkung viel rasanter als beim Schlucken.

Was man in der Schule alter Häuser lernt, ist eine Mischung aus allem. Hauptsache, sie funktioniert.

Kapitel 6

IN DER SCHULE ALTER HÄUSER

Ich hätte nie geglaubt, dass ich überhaupt Talent habe, etwas zu reparieren, wenn ich nicht dem Haus im Norden der Toskana begegnet wäre. Die dicken Mauern aus vor Ort gebrochenem Sandstein strahlen Behäbigkeit und Wärme aus, speichern die Sommerhitze genauso wie die Kälte in den nebligen Wintern, die nur langsam dem großen Glühen in dem offenen Kamin weicht.

Alles ist roh und sichtbar, eine ehrliche Steinhaut ohne verborgene Leitungen unter Putz, mit Türangeln, die direkt in die Mauer gemörtelt sind, Böden aus roten Ziegelplatten mit der Patina von Stiefelsohlen, grob gestrickten Strümpfen, bloßen Füßen, Holzschuhen.

Ich war 25 Jahre alt, in eine Frau verliebt, die mit mir in Italien leben wollte und vorher als Dolmetscherin in Florenz gearbeitet hatte. Das Haus griff nach uns, der Blick auf die weite Ebene des Mugello mit den Kulissen der Hügel und Berge von Pistoia bis Rufina. Wie der Wein von Frascati verträgt dieser Blick den Transport in der Konserve nicht. Auf Fotos »kommt« die Landschaft nicht, sooft ich es probiert habe.

Das Haus stand fünf Jahre leer, als wir es 1966 für rund 7000 DM kauften, von einem Erbe meines Großvaters. Das Pflaster in den Zimmern war von dunklen Flecken gezeichnet, in den Fugen keimte Moos. Das Dach war undicht, der Kamin von zerbrochenen Ziegeln umgeben. Der Verwalter hatte die Fenster ausgehängt und an der

Der offene Kamin, die Glut darin und der Anschluss des Küchenherds. Der schwarze Kessel steht auf einem Zahnrad, das beim Zerlegen der Häckselmaschine abfiel; daneben ein improvisierter Kerzenleuchter aus einer dreibeinigen Astgabel. Der Stuhl wird durch eine verdrillte Schnur zusammengehalten; die 12-Volt-Halogenbirne der Solarbatterie über dem Tisch wird durch einen elementaren Schalter aus Kupferdrähten eingeschaltet, die zu Haken und Öse gebogen wurden.

Wand geborgen, damit sie nicht weiter unter Regen und Sonne litten. Die Rahmen waren an einigen Stellen morsch, die Gläser zersplittert. An den meisten Türen fehlten die Riegel.

Die Zimmerdecken waren die Unterseite des Dachstuhls: Querbalken, halbe Eichenstämme, in die Stirnwände des Hauses eingemauert. Vom First zur Traufe liefen dünnere Balken von quadratischem Schnitt, auf denen Ziegelplatten lagen, deren Ritzen mit Mörtel verputzt worden waren.

Die Küche unmittelbar hinter der Haustür hatte einen Dachboden über einem mächtigen Mittelbalken, von dem Farbschichten blätterten. Die Bauern spritzten die Kalkmilch mit der kupfernen, auf dem Rücken getragenen Pumpe, die sie vor allem für die Schädlingsbekämpfung bei den Reben verwendeten: Kalk, Kupfersulfat und Schwefel.

Die *Ferramenta,* die Eisenwarenhandlung in Vicchio, war auf die Bedürfnisse solcher Häuser zugeschnitten. Ihre Strukturen sind leicht zu verstehen, das machte Mut. Ein zivilisiertes Türschloss ruft nach dem Schlosser; die Klinke hier war ein Riegel, geschoben durch einen Knauf auf der einen, das durch einen Schlitz in der Türe stechende Flacheisen auf der anderen Seite. Er griff in eine Kerbe im Sandstein des Türstocks.

Ich zeichnete den einzigen noch erhaltenen Riegel auf ein Blatt Papier, weil ich nicht wusste, wie das Ding hier genannt wurde. Virgilio, der Besitzer der *Ferramenta,* nickte, sagte *una lucchetta*[20] und grub eine Eisenplatte mit einem Riegel, der in genieteten Bändern lief, aus einer Schublade. Die Platte wurde mit sechs Holzschrauben justiert. Einen einfachen Bohrer, einen Schraubendreher und Schrauben lieferte die *Ferramenta.*

Die Türen schabten am Boden; Abhilfe schufen Messingringe, die Virgilio sorgsam in ein Tütchen packte. Ich hob das Türblatt aus den Angeln, steckte je einen Ring über den Eisenstift und setzte das Türblatt wieder hinein, indem ich es unten mit einem Fuß manövrierte und oben mit den Armen. Noch ein wenig Öl, und die Tür schwang wieder frei.

Die zerbrochenen Fenster forderten mehr Aufmerksamkeit. Den in Deutschland üblichen Fensterkitt gab es nicht. Die Glasflächen waren durch einen Schlitz von oben eingeschoben (bei den großen Fenstern der oberen Zimmer), oder der mit Dübeln zusammengehaltene Rahmen musste auseinandergenommen werden, um das Glas einzustecken.

Virgilio schnitt in den Tiefen seines Verkaufsgewölbes passende Glasscheiben und wickelte sie in Zeitungspapier, damit wir sie bequem tragen konnten. Ich kaufte Holzkitt, kratzte morsches Holz aus dem einen oder anderen Wetterschenkel und plombierte das Loch.

Virgilio beriet uns auch über Farben – der erste Anstrich mit einer Grundierung, vorher mit Sandpapier abschleifen, dann wetterfeste Farbe. *La prima mano,* die erste Hand, hieß der erste Anstrich, *Vernice* (wie der deutsche Firnis) die endgültige Farbe, die zweite Hand. Wir strichen Türen und Fenster. Der Geruch von Terpentin und das Gemisch aus Zitronen- und Rosenduft des Fußbodenreinigers besiegten allmählich den Gestank des längst zu Staub zerfallenen und hinausgekehrten Hühnermists in dem Zimmer, das die Bäuerin einst für Glucken und Küken reserviert hatte.

Die großen Fenster der oberen Zimmer waren durch eine Sprosse in der Mitte geteilt, ein Brettchen, das in dem Schlitz steckte, durch den die Glasfläche eingeschoben wurde und sich zusammen mit den Gläsern auch herausnehmen ließ. Eine dieser Sprossen war morsch und löste sich in meinen Händen auf, als ich prüfen wollte, wie belastbar sie noch sei.

Ich ging mit einer der noch tauglichen Sprossen in den Wald und schnitt mit meinem Taschenmesser einen Schößling. Den Stecken schälte ich, kürzte ihn auf die vorgegebene Länge und spitzte die beiden Enden so zu, dass sie in die Fensterrahmen passten. Die nötigen Maße konnte ich von dem Modell ableiten. Noch zwei Rillen oben und unten, fertig war die neue Fenstersprosse. Weiß lackiert, sah sie rundlicher und weniger regelmäßig aus als die anderen, war aber doch ansprechender als ein Fenster ohne Sprosse.

Die Fenster, die wir restaurierten, hatten sicher ein paar Jahrzehnte auf den Wetterschenkeln, vielleicht stammten sie sogar noch aus der Bauzeit kurz nach dem Erdbeben von 1919, das halb Vicchio in Schutt legte, dem Haus in den Hügeln über dem Tal aber nicht viel anhaben konnte. Die Witwe Fiani, die es uns verkaufte, erzählte freimütig, ihr Onkel, Offizier bei den Pionieren, habe damals den Familienbesitz von acht Pachthöfen dank der Erdbebenentschädigungen renovieren können und, na ja, eben dafür gesorgt, dass Beschädigungen durch das Erdbeben die Reparaturen erzwangen.

In der Struktur des Hauses lassen sich diese Bauzeiten rekonstruieren. Die Küche mit dem Kamin ist älter als der Rest. Die Ställe haben »moderne« Decken mit Stahlträgern, die Zimmer über den Ställen zierliche Türen mit Rahmen und eingesetztem Futter, nicht die schweren Türen aus Massivholz mit aufgesetzten Leisten wie in der Küche und ihren beiden Nebenräumen. In den älteren Bauernhäusern der Toskana gab es oft gefangene Zimmer; unser Haus hatte einen Gang. Das Plumpsklo mit einem Sitz aus Marmor war am Ende dieses Ganges, sodass die Bewohner es aufsuchen konnten, ohne durch andere Zimmer zu gehen.

Der Soldat als Baumeister ist es vielleicht mehr als der professionelle Architekt gewöhnt, vorhandene Mittel ökonomisch einzusetzen und ohne den Anspruch auf einheitliche Gestaltung zum Ziel zu kommen. Das Anwesen, das zusammen mit der Scheune die Spuren von drei bis vier unterschiedlichen Bauphasen trug, regte mich jedenfalls dazu an weiterzubasteln. Und natürlich wollten wir sparen, da ist geschenkt immer besser als gekauft.

Die Grundbesitzerin, die von ihren letzten zwei Halbpächtern, den *Mezzadri*[21], immer noch *Padrona* genannt wurde, schenkte uns ihren ausrangierten Küchenherd. Er sei in Ordnung, nur der kupferne Heißwasserbereiter sei defekt, deshalb habe sie eine neue *Cucina economica* gekauft.

Diesen Behälter kannte ich aus dem Haushalt meiner bäuerlichen Großmutter. Er versorgte die Küche mit heißem Wasser und wurde »das Schiff« genannt. Er bezog seine Wärme von den Rauchgasen, die einen tief in den Herd gesenkten Behälter umströmten, ehe sie das Rauchrohr erreichten. Meine Oma putzte ihn gelegentlich mit einer Mischung aus Salz und Essig, das roch sehr interessant.

Das Schiff musste mit Wasser gefüllt sein, weil sonst bei starkem Heizen das Zinn in den Lötnähten schmolz. Diese Sorgfalt war im Haushalt der *Padrona* vernachlässigt worden. Sie hatte zwei Kriege erlebt und warf nichts weg. Unter der geräumigen Villa, in der sie nur einen Bruchteil der Räume nutzte, gab es einen riesigen Keller, in dem ausrangierte Dinge standen.

Die Zugkühe brachten den Herd in das Haus. Wie der Küchenherd angeschlossen wurde, hatte ich bei dem Bauern gesehen, der manchmal den Fuhrmann machte: Das Rauchrohr stieg ungefähr einen Meter senkrecht in die Höhe und mündete dann schräg in der Haube des großen, offenen Kamins. Beim Anschließen entdeckte ich, dass die *Cappa* aus Ziegelplatten aufgemörtelt und verputzt war. Das mit Hammer und Meißel aus der *Ferramenta* geschlagene Loch war etwas zu breit; ich wollte nicht zu viel von der Kaminhaube zerstören und quetschte daher das Rauchrohr, bis es hineinpasste.

Ich nahm das Schiff aus dem Herd und hielt es gegen die Sonne. Die Schwachstelle saß ganz unten an einer Naht. Ich flickte das Loch mit einem Zweikomponentenkleber. Als das Gemisch aus Harz und Härter fest war, schob ich den Behälter wieder an seinen Platz, polierte das Oberteil, füllte ihn mit Wasser und heizte. Die Reparatur hielt, mein erster Versuch als Kesselflicker machte mich nicht wenig stolz. Das war vor fünfzig Jahren, seither tut der Küchenherd in Vicchio seinen Dienst.

Einen Herd gerettet, der sonst in der Remise der Villa verrostet wäre, Geld für einen neuen gespart, alles dank des Zutrauens, dass stimmt, was auf der Tube steht und der Kleber noch bei 180 Grad Celsius hält. Unentbehrlich ist nur die Sorgfalt, vor jedem Heizen zu kontrollieren, ob genug Wasser im Schiff ist. Apropos Schiff: Ich kann mir nicht vorstellen, dass in Hamburg oder Friesland der Wasserbehälter im Küchenherd *Schiff* genannt wurde; Wasser im Schiff weckt dort wohl andere Gefühle.

Jetzt dachte ich darüber nach, die Schamottauskleidung im Brennraum des alten Küchenherds zu reparieren. Der kleine Rost über dem Aschenkasten lag nur noch an einer Seite in einer Kerbe der feuerfesten Auskleidung.

Vorne und auf der anderen Seite wackelte er gegen das nackte Blech. Ich schilderte in der *Ferramenta* das Problem. Virgilio holte aus einem Papiersack mit einer Art Schöpfkelle einen braunroten

Staub. Er legte ein Stück der Tageszeitung *La Nazione* auf die große Waage und packte den Haufen ein. Das sei *Terra refrettaria,* ich solle sie mit Wasser mischen wie Mörtel und damit die ausgebrochenen Stellen flicken. Durch das Feuer würde sie hart gebrannt. Die feuerfeste Erde war billig, aber sie wurde nicht wirklich hart. War die Temperatur zu gering? Sie bröselte bald in den Aschenkasten. Ich versuchte es ein zweites Mal, knetete die Masse wie Kuchenteig, drückte sie an Ort und Stelle auf den befeuchteten Untergrund und glättete sie mit einem Spachtel. Aber auch die zweite Reparatur hielt nicht. Ich gab auf. Solange der Rost nicht in den Aschenkasten fiel, konnten wir den Ofen heizen. Wenn das passierte, würde mir vielleicht etwas einfallen.

Der Rost hält noch, nach fünfzig Jahren. In den fünf Jahren, die wir von April bis November in dem Haus lebten, kochten wir vor allem die Wäsche auf dem Küchenherd und wanderten dann mit Eimern zur Quelle, um sie zu spülen. Meine Tochter lässt es sich bis heute nicht nehmen, in dieser *Cucina economica* zu braten und zu backen; für die Unterhitze wird ein Schüsselchen mit Glut aus dem Ofen unter das Backblech gestellt.

Mühsamer war die Installation des zweiten Ofens, den uns die *Padrona* schenkte: ein Aufbau in drei Stockwerken aus Terracotta. Früher hatte das Unterteil Füße, die verloren waren, sich aber gut durch quer gelegte Ziegelsteine ersetzen ließen. Die Rauchgase aus der Brennkammer unten kreuzten sich in dem mittleren und dem obersten Stockwerk mit Raumluft.

Ich wollte diesen alten Zimmerofen in dem Raum neben der Küche aufstellen, an sich ein guter Ort, denn um mit dem Abzugsrohr in die Haube des Kamins zu kommen, musste ich nur die Wand hinter dem Kamin durchbrechen. Diese gehörte zum alten Teil des Hauses; sie war nicht aus Hohlziegeln gemauert wie die *Cappa* des offenen Kamins, sondern aus Bruchsteinen, einen halben Meter dick. Ich zeichnete einen Kreis auf den Putz und begann zu meißeln.

Später habe ich noch manchmal Öfen angeschlossen und Mauern durchbrochen – mit einem Schlagbohrer kreisrunde Bohrlöcher gesetzt und den Kern herausgeschlagen. Aber hier gab es keinen Strom für eine Bohrmaschine, selbst wenn diese den Sandstein bezwungen hätte. Es war buchstäblich harte Arbeit mit Hammer und Meißel, aber ich war jung, Gelenke und Muskeln erholten sich schnell. Das Loch wurde größer als notwendig. Als das Rohr hindurchgeführt war, verkeilte ich es mit kleinen Steinen und rührte in einem Eimer den Fertigmörtel an, den mir Virgilio eingepackt hatte. In einem zweiten Eimer wässerte ich den Bauschutt, strich Mörtel in das Loch, bettete Stein- und Ziegeltrümmer hinein und strich am Ende alles einigermaßen glatt. Rundherum war der Putz auch nicht perfekter – das Haus ist freundlich zu einem Bastler und Dilettanten.

Das ist ein späterer Ofenanschluss an den Luftabzug des Kuhstalls. Vor dem Fenster ein Tisch aus einer Kastanienbohle, die von der zerlegten Kelter stammt.

Jetzt musste die hässliche Stelle wieder weiß werden. Virgilio empfahl *bianco a zolle,* weiß in Schollen. Das war gebrannter Kalk: Steine, wie man sie im Schotter am Bahndamm findet, grauweiß und mit einem hellen Klang. Ich sollte sie mit Wasser übergießen, das ergebe weiße Farbe, damit seien früher alle Häuser gestrichen worden. Und Vorsicht: Diese Farbe dürfe man nicht auf die bloßen Hände und schon gar nicht in die Augen bekommen!

RÜCKKEHR IN DIE STEINZEIT

Das Geheimnis der Kalkmilch kannte ich. Ich war ihr schon einmal begegnet, denn eine meiner Lieblingslektüren als Kind waren die drei Bände von A. Th. Sonnleitner über die Höhlenkinder. Erster Band: *Im heimlichen Grund.* Zweiter Band: *Im Pfahlbau.* Dritter Band: *Im Steinhaus.* Es ist eine Geschichte über die Erfindung der Metallzeit nach einer erzwungenen Rückkehr in die Steinzeit. Die Helden sind Eva und Peter. Eva ist eine Waise und wird von ihren Großeltern aufgezogen; Peter ist ein Findelkind, das Evas Großvater von einem Botengang mitgebracht hat.

Die Großeltern leben im 16. Jahrhundert. Sie wollen sich in einem von unzugänglichen Bergen umgebenen Talkessel verstecken, den nur der Großvater kennt, der viel im Gebirge unterwegs ist. Denn die kräuterkundige und abergläubische Großmutter wird als Hexe verfolgt. Gerichtsknechte sind auf dem Weg zu ihr. Während der Flucht durch eine enge Klamm in den »heimlichen Grund« geraten sie in ein Unwetter. Ein Felssturz begräbt den Großvater mit Proviant und Werkzeugen im Rucksack. Er tötet auch die mitgebrachte Ziege. Die Großmutter kann die Kinder noch in den sicheren Talgrund führen und stirbt dann an Erschöpfung.

So sind die Kinder auf sich gestellt. Sie werden allmählich erwachsen und vollziehen die Entwicklung von der Steinzeit bis in die Eisenzeit, vom Fellschurz bis zum Webstuhl. Sie zähmen Ziegen und Schweine, säen Getreide und erledigen die Konkurrenz der Bären, die bisher den heimlichen Grund beherrschten. Sie räuchern die Räuber im Winterschlaf aus und bauen ihr Haus auf die sonnige Leite vor der Höhle: eine Anspielung auf den Autor Sonnleitner, der ein Schulrektor im Wien der Jahrhundertwende war.

Der Autor lässt seine beiden Protagonisten vom Höhlenleben mit Steinwerkzeugen über den Pfahlbau bis zum Steinhaus erwachsen werden. Sie entdecken das Feuer, domestizieren wilde Ziegen. Der erfindungsreiche Peter baut einen Brennofen für Tongeschirr und findet heraus, dass das Feuer Kupfer aus blauen Steinen löst. Irgendwann entdeckt er auch das Geheimnis des gebrannten Kalks, mit dem man weißeln und mörteln kann und dessen Milch ätzt.

Daran dachte ich, als ich Wasser auf die porösen Steine goss. Ich hatte vergessen, dass der Prozess Hitze entwickelt. Der Plastikeimer weitete sich aus, bekam Beulen und sah am Ende aus wie ein knorriger Baumstumpf. Er blieb aber dicht. Irgendwann hörte es auf zu brodeln. Ich zog Gummihandschuhe an, setzte eine Sonnenbrille auf und tauchte den breiten Maurerpinsel in die weiße Brühe.

Die Steine waren sehr ergiebig. Ich konnte nicht nur die Stelle weißeln, an der ich gemörtelt hatte, sondern nach und nach die ganze Küche. Da hatten wir uns aber schon einen Eimer aus Zinkblech gekauft, der die Verwandlung des gebrannten Kalks in Kalkmilch ohne Deformation ertrug.

Die wichtigste Arbeit war die Dachreparatur. Zuerst einmal musste man auf das Dach hinaufkommen. Es gab eine Leiter in der Scheune, aber sie war zu kurz, sie reichte nur bis zum Heuboden dort. Nächste Woche sollten zwei Maurer kommen, *Muratori* genannt, um das zerbrochene Kamindach wieder aufzusetzen und die Schäden zu heilen, die sein Einsturz ausgelöst hatte. Gino, einer der *Mezzadri,* versprach, bis dahin eine Ladung Dachziegel und Zement mit dem Karren heraufzuschaffen, den seine zwei weißen Kühe mit dem sanften Blick und den langen schwarzen Hörnern über Stock und Stein zogen.

Ich holte aus dem Wald zwei armdicke Kastanienstämme und befestigte sie mit Holzschrauben an der Leiter, die um zwei Sprossen zu kurz war. Ich machte Kerben, nagelte zwei Querleisten fest, verstärkte das Ganze noch durch ein Brett, prüfte die Haltbarkeit des Ganzen und war zufrieden. Die Leiterverlängerung sah verwegen aus, aber sie hielt.

Die Vorbereitung der Dachreparatur - erst musste die Leiter verlängert werden.

Im Morgennebel kamen zwei zierliche Männer und klopften an die Tür. Einer trug einen Eimer, in dem eine Kelle und ein Hammer lagen. Es waren die *Muratori* - wer fehlte, war Gino, der Zement und Ziegel bringen sollte. Wir erklärten das Malheur; die beiden zuckten mit den Achseln und fragten, ob es hier Pilze gebe. Wir hatten nie welche gesehen.

Eine Stunde später brannte die Sonne, Ginos Gespann brach mit Quietschen der Achsen und Rufen des Fuhrmanns aus dem Wald, ein paar Schritte hinter ihm die beiden Maurer, im Nebenberuf Pilzfinder, jeder hatte einen Arm voll mit prächtigen Steinpilzen, die sie erst einmal im Schatten auf eine ihrer blauen Jacken legten.

Dann stieg der Meister mit mir aufs Dach. Der Geselle blieb unten und begann, in dem mitgebrachten Eimer den Mörtel anzurühren, den Gino gebracht hatte. Meine improvisierte Leiter wurde mit keinem Wort kommentiert. Der Meister räumte erst einmal die zerbrochenen Ziegel vom Dach, indem er sie in hohem Bogen in das Brombeergebüsch warf. »Das Kamindach ist eingestürzt«, sagte er. Der Kamin selbst, ein aus dünnen Ziegeln aufgemauertes Geviert, war nicht weiter beschädigt, aber der Regen konnte ungehindert auf das Feuer vier Meter unterhalb fallen.

Er verteilte etwas Mörtel auf zwei Seiten des Rechtecks und stellte zwei der großen *Embrici* (so nannte er die flachen Dachziegel) so schräg, dass sie aneinander Halt fanden. Er stellte zwei andere daneben – die Öffnung des Kamins war jetzt von einem steilen Dächlein geschützt. Er füllte etwas Mörtel in einen der halbrunden *Tegole* (Dachziegel, die man auch auf den sogenannten Mönch-und-Nonne-Dächern sieht) und drückte ihn sanft auf den improvisierten Giebel der schräg gestellten Ziegelplatten. Dann bedeckte er mit dem gleichen Verfahren auch die Ritze zwischen den beiden Flachziegeln. Er fügte noch etwas Mörtel hinzu und verwendete den Rest, um die Spalten zwischen dem Kamin und den an ihn heranreichenden Ziegeln zu schließen. Dann strich er den Mörtel glatt, sodass das Wasser ablaufen konnte – *tutto fatto!*

Den Rest des Vormittags verbrachte er damit, mir zu erklären, wie man das Dach repariert: Man decke die *Tegol*e ab, kontrolliere die *Embrici* auf Risse oder Löcher und beseitige Moos, Flechten und Schmutz, die den glatten Ablauf des Wassers blockieren. Wenn die trapezförmigen Ziegel nicht sauber ineinandergreifen, immer die schmale Seite des unteren in die breite des oberen, dann strömt der Regen nicht in einem sauberen Bächlein zur Traufe. Gestautes Was-

Embrici und Tegole von einem Dach aus der römischen Antike.
In zweitausend Jahren hat sich recht wenig verändert.

ser überwältigt den hochgezogenen Rand an den Seiten der *Embrici* – dann fließt es in die Räume darunter.

Die *Tegole* sind auf den toskanischen Dächern weniger wichtig. Während bei den Mönch-und-Nonne-Dächern die Nonnen eben jene Rinne bilden, die hier die breiten *Embrici* formen, sind die *Tegole* immer Mönche. Wenn einer bricht oder verrutscht, dann fließt kein Bächlein in das Zimmer, sondern einzelne Regentropfen fallen zwischen die *Embrici*.

Wir machten uns in den nächsten Tagen mit einem Spachtel an die Arbeit, legten die *Embrici* Reihe für Reihe bloß, kratzten Moos und Flechten ab, prüften jeden, ob er dicht war und ordentlich lag, ersetzten zerbrochene Ziegel und fegten den Schmutz mit dem Reisstrohbesen über die Dachkante. Von hier oben hatte man die beste Aussicht über das breite, von den Hügeln und Bergen des Apennin gerahmte Tal, konnte in der Ferne Borgo San Lorenzo und Scarperia mit seinem Turm sehen, der dem des Palazzo Vecchio in Florenz nachgebildet ist.

Die *Embrici* wurden knapp. Eine gebrochene *Tegola* ist weiter von Nutzen, sie kann die Spalten zwischen den *Embrici* so gut bedecken wie eine ganze. Aber ein *Embrice* wird durch einen Sprung oder ein Loch wertlos. Manche, morsch von Tagen in glühender Sonne und jäher Abkühlung in Gewitter und Hagelschlag, zerbrachen, wenn ich auf sie trat: Die Dachreparatur sorgte für ihren Bedarf.

Auf Wanderungen entdeckten wir Häuser, die ein Schicksal ereilt hatte, das auch dem unseren drohte. Dicke Steinmauern und halbe Eichenstämme schützen nicht vor Verfall. Wenn der Regen auf die vielfach noch mit Lehm gemörtelten Mauern trifft und niemand die Schäden ausbessert, kippen die Mauern durch ihr eigenes Gewicht nach außen, die Balken verlieren den Halt, das Dach stürzt ein. In den Ruinen lässt sich Brauchbares finden – der eine oder andere intakte Ziegel, manchmal sogar ein alter Riegel in einem schief in den Angel hängenden Türblatt, älter und von besserer Qualität als der neue aus der *Ferramenta*.

Ich hatte den Rucksack mitgenommen, den mein Vater für seine Bergtouren verwendete. In ihm ließ sich ein halbes Dutzend noch funktionstüchtiger *Embrici* transportieren. Ich war zufrieden mit meinen Funden und erschrak, als unter einem der Ziegel eine dicke Schlange mit geflecktem Rücken lag. Ich zuckte zurück, während sie gemächlich zwischen den Ritzen im Schutthaufen verschwand. »Bist du giftig?«, wollte ich noch fragen.

Das Stöbern in Schutthaufen und Ruinen hat mehr mit der Kunst der Reparatur zu tun, als es scheint: Es geht darum, das noch Brauchbare im Unbrauchbaren zu finden und mit einem Blick in das Chaos zu schauen, der zwischen beiden Polen unterscheidet. Wenn wir das tun, wehren wir uns gegen eine charakteristische Deformation der Psyche durch die Erziehung zu Sauberkeit und Ordnung.

Wie der Hund, der sich in Starkriechendem wälzt und von seinem Frauchen mehr oder weniger erfolgreich ermahnt wird, das zu lassen, ging ich als Kind, ebenso wie mein Bruder, an keinem Schutt- und Abfallhaufen vorbei, ohne herumzustöbern, was es da Interessantes gab, ebenfalls von der Mutter streng ermahnt, den

Dreck doch liegen zu lassen, den andere Menschen gewiss nicht ohne Grund weggeworfen hätten.

Das Scheitern dieser Erziehungsmaßnahme hat mir viele glückliche Momente beschert, denn die Freude, sich etwas Begehrtes zu kaufen, ist gering, verglichen mit der, es zu finden, es sich durch das Zusammentreffen eigenen Suchgeschicks und günstiger Umstände anzueignen. Es ist eine ältere, tiefere Freude als der Kauf von Fertigware. Wer mit dem Korb am Arm den Wald durchstreift und ihn mit Pilzen füllt, ist nicht nur reicher im Beutel, wenn ich ihn mit dem Mann vergleiche, der auf dem Markt ein Pfund Steinpilze einpacken lässt und für die welken Schwämme kräftig zahlen muss.

In dem Jahr 1968, als anderswo die Studentenbewegung losbrach und ich das Haus im Mugello reparierte, wurde an der University of Chicago ein Symposion über *Man the Hunter* veranstaltet. An ihm nahmen viele berühmte Ethnologen teil, unter anderem Claude Lévi-Strauss, der später einer meiner Lieblingsautoren wurde.

Die Ergebnisse der Forschung über die altsteinzeitlichen Kulturen wurden von Irven DeVore und Richard Lee herausgegeben. Ich finanzierte mein wildes Leben in den toskanischen Hügeln durch journalistische Arbeiten für ein medizinisches Magazin und war durch eine US-amerikanische Zeitschrift auf die Spur dieses Bandes gekommen, der mich ähnlich stark beeinflusst hat wie Freud oder Robert Graves' *White Goddess* und seine *Griechische Mythologie*.

War es Zufall oder Notwendigkeit, dass damals in den USA unter jungen Menschen der Gedanke um sich griff, die teure Garderobe und die Karriere an den Nagel zu hängen und sich den Hippies anzuschließen – irgendwo in einem freundlicheren Klima mit einfacheren Mittel klarzukommen? In die Natur zurückzutauchen, statt sich gegen sie zu rüsten, Liebe zu machen statt Krieg?

Es ist leicht, sich über Lösungen zu erheben, die instabil, fantastisch und ein wenig parasitär sind, am leichtesten dann, wenn man sich nicht eingestehen will, wie problematisch unser Lebensstil ist. Das zumindest haben die Aussteiger der 1960er-Jahre getan.

Es hatte etwas vom Zauber der Anfänge – ich kehrte zurück in eine Welt, die mir als Kind vertraut gewesen war, aber während ich das als Erwachsener tat, fragmentierte sich diese Welt weiter. Als unsere Erstgeborene drei Jahre alt war, begleitete sie mich von dem Haus in den Hügeln hinunter zum Flüsschen Sieve, nach Pontavicchio, wo ich zwischen den großen Einkäufen mit dem Auto frisches Brot und die Post holte, die bei der *Padrona* abgegeben wurde.

Es war ein Fußweg von einer Stunde in gemächlichem Tempo. Wenn Ina müde wurde und ich fürchtete, sie würde bald jammern und fordern, jetzt müsse ich sie tragen, begann ich Geschichten zu erzählen – und es wurden Geschichten von einem anderen, ganz unähnlichen und doch verwandten Bauernhaus in Niederbayern, von Kühen und Schweinen, vom Heurechen, Garbenbinden und der Dreschmaschine. Erst jetzt entdeckte ich, wie sehr das Steinhaus und das Haus meines Großvaters in Deindorf bei Stammham einander glichen, nicht durch Architektur und Landschaft, sondern durch das Leben von Mensch und Tier in den Mauern.

Das Anwesen in Vicchio hatte als landwirtschaftlicher Betrieb vier Kühe im Stall erlebt – zwei Milchkühe und zwei Kühe, die vor den Wagen gespannt wurden, die den Pflug und die Egge zogen. Ganz genauso sah es im Stall in Deindorf aus. Dazu kamen Hühner, Kaninchen, Schweine; in Vicchio wohl noch ein oder zwei Ziegen. Obstbäume, ein Garten, Äcker für Getreide, Wiesen, um Gras und Heu für das Vieh zu haben. Wasser aus einem Brunnen – in Vicchio etwas umständlicher aus einem Quelltümpel. Ein Plumpsklo, dessen Grube mit einem Schöpfer geleert wurde und die Felder düngte. Ein Misthaufen, eine Odelgrube im Stall. Schwalbennester.

Viel von dem Wissen, das für meinen Großvater in Deindorf noch ganz selbstverständlich war, ist heute verloren.

Die Bauern, die ich in Vicchio kennenlernte, waren ihm ähnlich und doch auch ganz anders. Auch die Nachbarn der ersten Zeit hatten vier Kühe im Stall, das scheint eine Konstante des Familienbetriebs, der nicht viel mehr erwirtschaftet, als zur Selbstversorgung gebraucht wird. Wenn eine *Padrona* auch noch die Hälfte des Ertrags abschöpft, wird es vollends ungemütlich in einer Gesellschaft, in der ein Industriearbeiter in zwei Monaten mehr Bares nach Hause bringt, als ein Kleinbauer durch die Arbeit einer ganzen Familie in einem Jahr verdienen kann.

EIN HUNGRIGES PARADIES

Wir kehrten nicht in die traditionelle Landwirtschaft zurück. Wir stiegen tiefer in den Brunnen der Vergangenheit, zu den Anfängen, zu den Jägern und Sammlerinnen. Das Haus war unsere Höhle, in der wir am Abend Zuflucht suchten und die Pilze brieten oder die Kastanien rösteten, die wir auf unseren Streifzügen gefunden hatten, ärmer und friedlicher als die Jäger mit ihren Hunden, die während der Saison die Wälder verpesteten und ihre Schrotflinten auch auf Eidechsen und Igel abschossen, weil schon am ersten Tag nach der Eröffnung der Jagd kein Wild mehr aufzuspüren war.

Die Magie der Reparatur greift auf dieses erste Menschtum zurück, ein hungriges Paradies, in dem Menschen zwar schon Lieder singen und zum Takt der um ihre Knöchel gebundenen Rasseln tanzen (die Buschmänner verwenden Straußeneier, bei den Indianern habe ich Coladosen mit Steinchen drinnen gesehen), aber nicht in die Natur eingreifen, sondern sich nur von ihrer Oberfläche nehmen, was sie brauchen.

Dieser Blick, der das seltene Brauchbare zwischen angehäuftem Unbrauchbaren findet, verkümmert, sobald wir bei Amazon bestellen; auf dem Flohmarkt können wir ihn noch üben. Daher ist der Flohmarkt in meiner Nomenklatur ein kluges Ding und Amazon ein dummes, die selbstgebaute Hütte im Slum ist klüger als das schlüsselfertige Eigenheim, in dem die Leitungen unter Putz liegen und Störungen einen Spezialisten brauchen.

Einen Sammelband über *Man the Hunter* zu lesen ist immer informativ, aber ob Lektüre zu einer Art schöpferischer Ergriffenheit führt oder einfach in einem der vielen Regale in unserem Kopf abgelegt wird, das hängt vom Zustand des Lesers ab. Dieser wiederum von der Umgebung: In einem Haus in den Hügeln, das in keinem der Netze der Zivilisation gefangen ist (Straße, Wasser, Elektrizität), liest sich ein Buch über die Kulturen der Aborigines, der Buschmänner, der Hadza und der Indianer anders als in einer städtischen Bücherei.

Die Kinder der Altsteinzeit wurden schnell und ohne die Quälerei einer europäischen Pubertät erwachsen. Sie erlebten die Kluft nicht, die in der Zivilisation das unmündige Kind vom mündigen Erwachsenen trennt. Sie sind nicht viele Jahre lang den Ängsten der Erwachsenen ausgesetzt, die dafür sorgen müssen, dass ihre Kinder sich an eine Welt anpassen, die von ihnen gemacht ist und nicht einfach da. Sie lernen in der Schule von Hunger und Schmerz.

Niemand muss in einer Jägerkultur still sitzen und fleißig üben für eine Zukunft, die sich den eigenen Sinnen, der eigenen Wahrnehmung entzieht. Daher sterben Jäger und Sammler eher, als Sklavenarbeit zu leisten. Die Siedlungsgeschichte und die sozialen Probleme der Neuen Welt wurzeln nicht zuletzt darin, dass die Kolonisatoren Afrikaner versklavten und importierten, welche die Umstellung auf Ackerbau und Viehzucht schon hinter sich hatten.

Weil wir alle Kinder waren und das Wesen der modernen Psychotherapie darin liegt, den kindlichen Kern in unseren Emotionen zu verstehen, ist die Altsteinzeit nicht vorbei. In uns erhalten geblieben ist die Sehnsucht nach einer Welt, in der wir nur von der Natur lernen und die Menschen, die das Kind umgeben, ihm die gleiche Freiheit lassen, wie das die Natur tut. Wer mit Kindern spielt und von ihnen lernt, vollzieht immer einen Schritt zurück in die Zeit, in der Hunger und Neugier alle Menschen regierten, nicht die Angst vor den Erwachsenen die Kinder prägte und die Angst vor den Mächtigen die ohnmächtigen Erwachsenen versklavte.

Die von Hunger und Neugier geprägte Sicht auf die Welt schafft die idealen Voraussetzungen für die magische Kunst der Reparatur. *Anything goes* – alles ist erlaubt, es darf probiert, gestückelt, ersetzt, wiederverwendet werden. Was nicht funktioniert, öffnet einen freien Raum, der sich intuitiv strukturiert und in dem Lösungen auftauchen wie die Lüsterklemme, um ein gerissenes Drahtseil zu flicken.

Hunger und Neugier sind eng verwandt – sind klare Gegenspieler der Angst. Neugier zielt auf Expansion, Eroberung, Erforschung, Ausprobieren; Angst will vor allem Gefahren meiden und vor möglichen Schmerzen fliehen. Je mehr uns der kulturelle Fortschritt hin zu Vorratswirtschaft, Besitzunterschieden, zu Freien und Sklaven, Herren und Knechten, hohen Kasten und niedrigen mit Schimären von Ordnung und Sicherheit beschenkt, desto früher greift Angst in die Psyche der Kinder.

Im Gegensatz zum Hunger hat die Angst keine natürlichen Grenzen. Wir sterben nicht an ihr, wir müssen mit ihr leben. Der Hunger hat ein zuverlässiges, materielles wie symbolisches Ende in der Sättigung; die Angst hingegen mündet in Ambivalenz. Wenn das verängstigte Kind auf dem Schoß der Mutter Zuflucht findet, ist längst nicht alles so gut wie nach dem Stillen des Hungers. Die Zuflucht weckt neue Ängste: Vielleicht werde ich abhängig, komme nicht mehr weg, verliere Selbstbestimmung und Freiheit?

In dem Sprichwort vom Hunger, dem besten Koch, steckt ein Wissen, das in der Konsumgesellschaft verloren geht. In der Tat sind die elementaren Bedürfnisse bzw. Mangelzustände die Quelle viel tieferer und intensiverer Glücksgefühle, wenn wir sie mit den exquisiten Angeboten des Luxus vergleichen, der in der Konsumwelt die bunten Bilder in Zeitschriften und auf Bildschirmen dominiert. Dem eigentlich Satten, um seine schlanke Linie besorgten Konsumbürger bietet das Mehrsternemenü auf seinem mühevoll reservierten Platz im angesagten Feinschmeckerlokal viel weniger Genussintensität als dem Hungrigen ein einfaches Essen.

Was bedeutet uns ein warmer Raum – und was bedeutet er dem Eskimojäger, wenn er von der Robbenjagd auf dem Eis zurückkehrt? Der Antrieb, im Konsum sein Glück zu suchen, wurzelt zum Teil in der latenten Depression, die sich als Mangel eines Angebots an sinnvollen Tätigkeiten, als Langeweile, bemerkbar macht, zum anderen Teil in der Rivalität – warum soll ich mich mit »veralteter« Technik zufriedengeben, wo andere bereits die neueste nutzen? Warum sollen andere ein schnelleres, bequemeres Auto fahren als ich? Der Aufwand für ein Quäntchen mehr Glück ist riesig; was die erreichbare Befriedigung betrifft, bewegt sich die Konsumgesellschaft schon lange im Bereich des Grenznutzens.

Haus und Scheune im Frühling 2019.

Wir schlossen die erste Reparatur des Hauses im Oktober 1966 ab und waren sehr stolz, dass in einem Dauerwolkenbruch Anfang November das Reihe um Reihe gesäuberte Dach dicht blieb. Florenz erlebte die schlimmste Hochwasserkatastrophe in historischen Zeiten mit über dreißig Todesopfern und massiven Schäden an den Kunstwerken durch Schlamm, der sich mit Heizöl aus den Kellertanks gemischt hatte.[22] Den Winter verbrachten wir in München. Silke war schwanger. Wir kamen ein Jahr nach der ersten Reparatur des Hauses mit einem Baby zurück und blieben in den folgenden Jahren, bis unsere Älteste eingeschult wurde, die Monate von April bis November in dem Haus. Ich rodete Brombeeren und legte einen Garten an, der VW-Käfer parkte bei einer Familie aus Battipaglia in Süditalien auf der anderen Seite des Hügels, eine Viertelstunde Fußweg vom Haus.

So ergab sich spontan der Vergleich zwischen dem Aufwachsen in einer Stadtwohnung im vierten Stock und dem Haus im Mugello, wo die Freiheit an der Schwelle der Küchentüre begann und es draußen weder die Gefahren des Straßenverkehrs noch Dinge gab, die ein umtriebiges Kleinkind kaputt machen konnte.

So las ich auch mit besonderer Aufmerksamkeit den zentralen Unterschied in der Erziehung der Altsteinzeit von dem der Jungsteinzeit: Die Jäger schlagen ihre Kinder nicht, weil diese dann – so sagen sie – schlechte Jäger werden. In den neolithischen Kulturen hingegen sind Prügel in der Erziehung der Kinder selbstverständlich; in der Bibel stehen detaillierte Prügelvorschriften im Buch Sirach, Kap. 30: »Wer seinen Sohn liebt, hält den Stock für ihn bereit … Verzärtle den Sohn und er wird dich enttäuschen; scherze mit ihm und er wird dich betrüben … Beug ihm den Kopf in Kindestagen, schlag ihn aufs Gesäß, solange er noch klein ist, sonst wird er störrisch und widerspenstig gegen dich.«

Diese »Weisheit« in dem heiligen Buch der monotheistischen Religionen bereitet auf Sklaverei vor; Kindern wie Sklaven sollte der »Wille« (die Autonomie, dieses Störrische im Menschen) gebrochen werden, um sie für die Anforderungen der Priester zuzurichten. Wenn die Prügel in der Erziehung und das Standgericht für den traumatisierten Soldaten inzwischen aus der Mode kommen, liegt das vor allem daran, dass Versagensangst nicht mehr ausreicht, um die Anforderungen an Initiative und Kreativität in vielen Berufen zu erfüllen. Geschlagene, in ihrer Autonomie gebrochene Kindern werden nicht zu Mitarbeitern, die unternehmerisch denken und Initiative entfalten, wie sich das der moderne Arbeitgeber wünscht.

Reparaturen entfalten einen Zug von Anarchie; das abschätzige Wort »Pfusch« steht dafür, dass sie in einen Bereich gehören, den die Sittenrichter einer Gesellschaft ablehnen. Die Plombe aus Zweikomponentenkleber in der Naht des kupfernen Wasserbehälters entspringt dieser Anarchie. Ich habe das nicht richtig reparieren lassen, ich habe einfach etwas gemacht. Und siehe da: Als ich es gemacht hatte und es sich bewährte, war der Behälter repariert.

Kapitel 7

REPARATUR UND RISIKO

Vergleichen wir das Steinhaus mit der Stadtwohnung, wird deutlich, wie viel gefährlicher unser Leben geworden ist und mit ihm eine so grundlegende Lebenstätigkeit wie Basteln und Reparieren. Das Steinhaus steht einfach da, ohne fließendes Wasser, Stromanschluss, Zufahrt. Die Netze, an die wir in der Moderne angeschlossen sind, bringen Alarm ins Haus: die Elektrizität den Kurzschluss und den womöglich tödlichen Stromschlag, die Gasleitung Atemnot und Explosion, die Wasserleitung das spritzende Leck, das Möbel und Böden in mehreren Stockwerken ruiniert.

Was ich mir nicht klargemacht hatte, war eine Annehmlichkeit der auf zwölf Volt angelegten Solaranlage: Vor diesem Strom muss niemand Angst haben. Wenn es einen Kurzschluss gibt, unterscheidet sich die Gefahrenlage nicht von der gut kontrollierbaren des offenen Feuers. Man kann mit zwölf Volt Gleichstrom basteln, Leitungen legen, Verbindungen zwirbeln nach Herzenslust. Ob es wirklich notwendig ist, dass in unseren zivilisierten Haushalten lebensgefährliche Spannungen herrschen? Symbolträchtig ist es allemal, es macht uns abhängig von den Profis.

So ließ sich auch ein Problem, das in normalen Haushalten nicht existiert, dank der Niedrigspannung gut lösen. Ich hatte die Solarzelle auf das Dach gelegt, sie an die Batterie angeschlossen und eine Leuchte in einer einfachen Fassung über dem Küchentisch montiert.

So konnten wir an langen Herbstabenden besser lesen, als es Kerzen- oder Petroleumlicht ermöglichen, obendrein mit dem Gefühl, dass uns die Sonne Energie schenkte – via eines anderthalb Quadratmeter großen Solarpaneels auf dem Dach und einer Autobatterie.

Wenn es im Herbst regnete, Wolken den Himmel bedeckten und der Bedarf nach Licht in der Stube höher war als im Juni, schaltete sich manchmal der elektronische Schutz gegen die Tiefentladung der Batterie ein: Es wurde dunkel.

Die Dunkelheit ließ sich mit dem Vorrat an Kerzen und Petroleum bewältigen. Aber der Wechselschalter, mit dem ich bisher die Lampe aus- und eingeschaltet hatte, wurde zum Problem. Er sagte nicht, ob die Lampe jetzt aus oder an war. Und wenn sie eingeschaltet war, dann begann sie sofort wieder zu leuchten, wenn die Solarzelle den Akku auflud. Am nächsten Morgen wollten wir abreisen. Es wäre gar nicht gut gewesen, in den nächsten Monaten den Akku immer an der Grenze zur Tiefentladung zu halten, weil das Licht eingeschaltet blieb.

Also konstruierte ich einen Schalter, der den Vorzug hatte, sichtbar zu machen, ob die Leuchte über dem Küchentisch nun ein- oder ausgeschaltet war: Ich bog mit der Zange des Leatherman eine Öse und ein Häkchen in festen Kupferdraht. Diesen elementaren Schalter verband ich mithilfe von Lüsterklemmen mit einer der Zuleitungen des zweiadrigen Kabels, das zu einem Haken am Deckenbalken führte, dort verknotet war und die Lampe über dem Tisch trug. Blankes Häkchen in blanker Öse – Strom fließt, Leuchte an. Häkchen aus der Öse – nichts fließt mehr. Mit 220 Volt unmöglich, mit 12 Volt harmlos. (Der Notschalter ist auf der Abbildung des offenen Kamins, S. 66, ganz rechts zu erkennen.)

Die Reparatur symbolisiert die Bereitschaft zu »armen« Lösungen, zu einem ökologischen Konservatismus, der sich doch stark vom Konsumkonservatismus der Wirtschaftsliberalen unterscheidet, die den Klimawandel leugnen und lieber Naturschutzgebiete »erschließen«, als sparsamer zu wirtschaften. Es gibt keine einfache Aktion, die das Klima mehr schont, als der Verzicht. Natürlich sind Windkraftanlagen trotz der Umweltbelastungen, die sie mit sich bringen, besser als Atomkraftwerke. Aber beide übertrifft der Verzicht auf Verschwendung in seiner Nachhaltigkeit bei Weitem.

Gefordert ist das Denken in komplexen Systemen - mit Respekt vor persönlichen Bedürfnissen. Wer ein altes Auto aufmerksam und liebevoll pflegt, gewinnt etwas an ökologischer Qualität, weil er auf den Neuwagen verzichtet und motiviert ist, schonend zu fahren. Leider ist die Industrie bisher nicht in der Lage, ein sparsames, leichtes und ressourcenschonendes Auto zu bauen, das jeder Nutzer selbst reparieren kann. Die Elektromobilität der großen Produzenten geht den Weg der Nachahmung dessen, was sich schon lange als Irrweg erwiesen hat: zu schnell, zu teuer, zu schwer.

Wer sich vegetarisch ernährt, tut einen richtigen Schritt. Hoffen wir, dass es ihm schmeckt und er darauf verzichten kann, den Fleischessern in die Suppe zu spucken. Der bedächtige Oldtimerfan, der nur ausnahmsweise seine Maschine in Betrieb nimmt und mit dem Rad zur Arbeit fährt, muss sich nicht vor der Käuferin des Elektroautos verstecken, die überzeugt ist, es schade dem Klima gar nicht, wenn sie es jeden Tag benutzt.

Eine dauerhafte Motivation, anders mit uns selbst und der Umwelt umzugehen, werden wir nur auf Wegen finden, die wir mit Freude gehen, weg von den banalen Gewohnheiten der Konsumgesellschaft, die Abhängigkeit von Geld und von Experten produzieren.

DIE KREATIVITÄT DES SÜDENS

Auch dieser Weg hat seine Gefahren. Dazu eine kleine Geschichte aus dem Steinhaus. Sie handelt von einem Nachbarn, meinem Freund Consilio, einem der vielen Migranten aus der Provinz Salerno, die in den 1960er-Jahren die von Einheimischen verlassenen Pachthöfe in der Toskana übernahmen.

Ich bin froh über diese kleine Geschichte, denn ich denke, dass wir aus den improvisierten Siedlungen der sogenannten Dritten Welt, die abschätzig *Slums* genannt werden, viel lernen könnten, was menschlicher Erfindungsgeist vermag.

Consilio war stolz auf eine Erfindung und wollte sie mir zeigen. Ich konnte von ihr gar nicht profitieren, da das Haus auf der anderen Seite des Hügels nicht an das Stromnetz angeschlossen ist. Er führte mich zu seinem Zähler, neben dem vier Sicherungen des alten Typus mit einem Schmelzfaden in einem Porzellangehäuse hinter ihren Schraubdeckeln steckten. »Wenn sie kaputt sind«, sagte Consilio, »dann kannst du sie ganz einfach reparieren. Du nimmst das Papier von den Zigaretten« (er war ein starker Raucher) »und wickelst es um die Sicherung. Dann geht alles wieder wie zuvor!« Er schraubte einen der Deckel auf, darunter kam die Schmelzsicherung in ihrem Overall aus Silberpapier zum Vorschein.

Soweit ich mich an meinen Physikunterricht erinnerte, waren Sicherungen entwickelt worden, um zu verhindern, dass Mensch und Tier zu Schaden kamen, vor allem durch die Brandgefahr, die von einem Kurzschluss ausgeht. Freilich, in einem Steinhaus kann nicht viel brennen. Die einzig verwundbare Stelle sind die Deckenbalken. Diese waren recht weit von den Leitungen entfernt, die sich die Wand entlangschlängelten.

Die »Reparatur« mit dem Zigarettenpapier ist ein Beispiel für die Kreativität der sogenannten Entwicklungsländer. Ich erinnere mich an einen Magazinartikel über einen TÜV-Gutachter aus Deutschland, den Reporter dafür bezahlten, LKWs in Kenia zu prüfen. Der Gutachter fand die Reparaturen der Fahrer nicht kreativ, sondern kriminell.

Reparaturkunst produziert Unsicherheit, weckt aber gleichzeitig menschliche Aufmerksamkeit, um diese Unsicherheit auszugleichen. Der technische Überwachungsverein und seine vom Gesetzgeber mit Macht ausgerüsteten Geschwister produzieren eine gefährliche Scheinsicherheit, die menschliche Selbstüberschätzung fördert.

Übermotorisierte Automobile, die von unterintelligenten Fahrern für Straßenrennen genutzt werden, haben eine gültige TÜV-Plakette. Man wird argumentieren, dass jeder kleine Sicherheitsgewinn zählt. Niemand kann garantieren, dass der afrikanische Fahrer, der seit zwei Jahren ohne Hauptbremszylinder fährt und nur mit der Handbremse verzögert, verlässlich durch Aufmerksamkeit und Vorsicht den mangelhaften Zustand seines Fahrzeugs kompensiert.

In Mitteleuropa erinnert mich der Mechaniker daran, dass meine Sommerreifen trotz noch ausreichender Profiltiefe zu viele Jahre auf dem krummen Buckel haben. Sie sind nicht mehr optimal, das steht auch in der Zeitschrift, die der Automobilclub verteilt.

Eine Bekannte, Analytikerin mit zwei linken Händen, leidenschaftliche Radfahrerin, hat sich eine jährliche Generalüberholung aufschwatzen lassen: Jedes Jahr neue Decken, neue Schläuche, sicher ist sicher! Sicher? In den armen Ländern wird ein Autoreifen gefahren, bis er kein Profil mehr hat. Wenn er nicht mehr zu retten ist, weil der empfindliche Schlauch durch eine Stelle quillt, an der das Gewebe verschlissen ist, verwandelt ihn ein Bastler in Schuhsohlen, Eimer und andere nützliche Dinge.

Wieder einmal lässt sich nur im Einzelfall (und oft überhaupt nicht) eine gültige Antwort auf Fragen finden, die der europäische Gesetzgeber nicht einmal zulässt. Führen technische Prüfungen zu mehr Sicherheit – oder in höheres Risiko, weil sie die menschliche Psychologie ignorieren? Ein Oldtimer ohne TÜV wäre womöglich im statistischen Ergebnis »sicherer« als ein technisch perfekter Supersportwagen. Vollends negativ wird die Bilanz unserer Prüfeinrichtungen angesichts von Technologien wie der Atomenergie oder der elektronischen Steuerung von Flugzeugen.

An beiden Orten hat die technisch »mit an Sicherheit grenzender Wahrscheinlichkeit« ausgeschlossene Fehlfunktion das geblähte Selbstbewusstsein der Verantwortlichen wie einen Ballon platzen lassen. Dass Flugzeuge abstürzen, weil Konstrukteure die

Piloten für zu blöd halten, ohne einen Automaten den Flieger in der Luft zu halten, wurde 2019 in den US-amerikanischen Boeing-Werken zu einer Tragödie menschlicher Selbstüberschätzung. Angesichts solcher Ereignisse wirkt das Selbstbewusstsein der Prüfingenieure unbescheiden.

Atomkraftwerke haben ihre Betriebsgenehmigung erhalten, weil die technischen Prüfer den »Nachweis« erbracht hatten, dass unter keinen Umständen ein Übermaß an Radioaktivität in die Umwelt austreten werde. Als nach der Katastrophe von Tschernobyl die Mitarbeiter in einem Münchner Reaktor ihren Arbeitsplatz aufsuchen wollen, konnten sie nicht hinein. Die automatische Kontrolle der Schleuse erkannte ein Übermaß an Radioaktivität und löste den Alarm aus, der primär verhindern sollte, dass jemand mit verseuchten Kleidern den Reaktor *verlässt.*

Seit große Landstriche in der Ukraine und in Japan verseucht sind und immer noch niemand weiß, wo der strahlende Müll der bedenkenlos gebauten Meiler enden wird, steht die Menschheit vor der Aufgabe, mit dem Zusammenbruch dieser Selbstüberschätzung umzugehen.

Es gibt zwei Wege, eine solche psychologische Aufgabe zu bewältigen. Der erste ist die Trauer. Sie realisiert den Verlust an Macht und Kontrolle und hilft, uns auf einem bescheideneren Erwartungsniveau neu zu organisieren und zu konsolidieren.

Der zweite, gegenwärtig ungleich beliebtere, ist die manische Abwehr, die den Fehler verleugnet oder, wo das nicht geht, ihn kleinredet: Unseren brillanten Ingenieuren wird niemals passieren, was da in der Ukraine geschah, solche Fehler machen wir nicht. Die Beliebtheit dieser manischen Abwehr lässt sich durch die Bereitschaft belegen, Virtuosen einer herbeigelogenen Grandiosität in Führungspositionen zu befördern.

Die Kunst der Reparatur entfaltet eine anarchische Kreativität in Opposition zu den perfektionistischen Versprechen, alle Dinge wieder wie neu oder gar noch besser zu machen. Wenn ein Stadtmarder unter die Motorhaube eines Autos turnt, die Leitungen für Kühlwasser für pralle Schlagadern hält und hineinbeißt, wird der Mechaniker den Austausch der Schläuche vorschlagen und nicht versuchen, den Schaden durch ein Klebeband zu beseitigen. Wenn es der Fahrer tut, nur auf sein Risiko! Womöglich erlöschen sogar Garantieleistungen, weil man selbst Hand angelegt hat.

Das Sicherheitsdenken der Konsumgesellschaft hat paradoxe Qualitäten. Jedes Jahr werden neue Vorschriften erdacht und erlassen, die mehr Sicherheit produzieren sollen, während das Ganze seinen selbstzerstörerischen Kurs nicht ändert. Manchmal haben Handwerker ein Einsehen, wie der Nachbar, von Beruf Elektromeister, der in einem Bauernhaus die alte Deckenlampe wieder zum Leuchten brachte, aber einen Zettel daran befestigte: Entspricht nicht den Vorschriften! Bitte nicht gleichzeitig eine Wasserleitung berühren! Was in dem betreffenden Zimmer nur einem Kraken mit vier Meter langen Armen gelungen wäre.

Leuchten zu reparieren ist mit rudimentären technischen Kenntnissen einfach. In den 1920er- und 1930er-Jahren wurden formschöne und solide gearbeitete Lampen für Schreibtische, Wände und Decke gebaut, manche mit raffinierten Flaschenzügen und Gegengewichten, um die Entfernung von der Decke einzustellen. Die verwendeten Leitungen waren dekorativ mit Gewebe umkleidet.

Einmal brannte die Schnur lichterloh, an der unsere Jugendstilküchenlampe hing. Ich dachte erst daran, einen Eimer mit Wasser zu füllen, um den Brand zu löschen, begnügte mich dann aber damit, sie auszuschalten und abzuwarten. Der Brand erlosch schnell; es blieben ein schwarzer Schleier an der weißen Decke und ein Niederschlag von Ruß auf dem Tisch.

Ich habe die Lampe dann zerlegt und gesehen, wie brüchig die Isolierung der aus dünnen Kupferfäden gedrehten Leitungen war. An einer Stelle war sie weggebrochen, Drähte hatten sich berührt, ein Funke die Hülle aus Baumwolle entzündet. Ich hätte nicht einmal ausschalten müssen, die Sicherung hatte den Strom schon unterbrochen.

Ich reparierte die Lampe mithilfe eines neuen, flexiblen, zweiadrigen Kabels. Solche Reparaturen machen Freude, weil sich der Erfolg sozusagen einschalten lässt und leuchtet. Sie sind auch nicht schwierig und sicher, solange man nicht vergisst, den Strom auszuschalten. Fehler in der Verbindung zwischen Kabel und den Klemmen an der Lampenfassung und am Deckenauslass meldet zuverlässig die Sicherung – oder das ausbleibende Licht.

Etwas anspruchsvoller ist die Aufgabe, ein Kabel zu ersetzen, das nicht offen verläuft, sondern in ein enges Rohr gezwängt wurde. Solche Konstruktionen stehen für eine Art Scham der Konsumgesellschaft. Will sie ihre Abhängigkeit von den Versorgungsnetzen verleugnen? Für den Bastler wirkt es blödsinnig, Leitungen zu verstecken, sodass niemand ihre Defekte erkennen kann.

Schund lockt mit billigen Preisen, während reparaturfreundliche Dinge in Elitewarenhäusern teuer angeboten werden. Die persönliche Abhilfe liegt darin, den Manufactum-Katalog als Wegweiser für Flohmarktkäufe zu nehmen und die »guten Dinge«, die sich dort finden lassen, wieder fit zu machen. Oft sind auch diese guten Dinge schon teilweise von dem Konsumdenken verunstaltet. Der verführerische erste Eindruck verdeckt die ernsthafte Überlegung, dass Defekte unvermeidlich sind und der kluge Konstrukteur stets mitüberlegt, wie sie behoben werden können.

Bei Lampen etwa denkt jeder Konstrukteur daran, dass das Leuchtmittel (etwa die Birne) irgendwann nicht mehr funktioniert; meist lässt sich eine defekte unschwer heraus- und eine neue einschrauben. Ich besuchte einmal Freunde, die eine Villa in Italien gemietet hatten und sich über einen finsteren Gang ärgerten, finster deshalb, weil die Deckenlampe kaputt war. Sie hatten sogar eine Leiter geholt und versucht, eine neue Glühbirne einzuschrauben. Die vorhandene Birne saß fest. Sie war mit der Fassung verbacken und ließ sich nicht herausschrauben. Als der Freund energischer drehte, hielt er den Glaskolben in der Hand, während das Gewinde blockiert blieb.

Ich stellte sicher, dass der Strom ausgeschaltet war, und packte mit der spitzen Zange des Leatherman den Rest der oxidierten Glühbirne. Sie ließ sich entfernen, die neue Birne konnte ihren Dienst antreten, ich nahm souverän den Beifall entgegen, war doch kinderleicht.

Aber wenn sich schon von jedem Blinden mit dem Stock tastbare Störungen nicht immer glatt lösen lassen - wie viel mehr gilt das beispielsweise für eine schöne und gebrauchstüchtig wirkende Bauhauslampe, die für Dunkelheit durch eine durchbrennende Sicherung sorgt, sobald man die Zuleitung in die Dose steckt? Unter dem Stoffmantel haben die Litzen missbräuchlichen Kontakt, eine neue Zuleitung muss eingezogen werden. Hier hat der Konstrukteur nicht darüber nachgedacht, wie nach einem Defekt die brüchige alte Zuleitung entfernt werden und eine neue eingezogen werden soll.

Das neue Kabel will einfach nicht durch das gekrümmte Rohr kriechen. Es bleibt in der Mitte hängen, man müsste es dort packen und nachhelfen - aber wie? Es gibt eine orientalische Anekdote vom Einziehen einer Schnur in ein vielfach gekrümmtes Rohr durch eine Ameise, die - von Honig angelockt - an einem Beinchen einen Seidenfaden zieht, an den dann ein dickerer Faden geknüpft wird, der stark genug ist, die Schnur hindurchzuziehen.

Ich arbeite mit einem elastischen Metalldraht, der Biegungen gut nehmen kann. An ihn wird das Stromkabel gehängt; es krabbelt, geschoben und gezogen, durch die enge Röhre. Wo auch das nicht geht, weil Reste eines gebrochenen Kabels das Rohr verstopfen, ist es kein Schaden, die Zuleitung außen zu verlegen. Dazu muss man in die Fassung ein Loch bohren, vielleicht einen Schnurschalter einziehen. So verwandelt man eine reparaturfeindliche Konstruktion in eine reparaturfreundliche.

Kapitel 8

REPARIEREN ODER AUSTAUSCHEN?

Das Fahrrad ist ein gutes Beispiel dafür, wie es den Strategen der Konsumgesellschaft gelingt, eine geniale Idee zu allerlei Dummheiten weiterzuentwickeln – etwa mit Schaltungen, die per Funk die Gänge wechseln und natürlich Batterien brauchen. Dazu kommt, mehr *low* als *high tech,* die Neigung, bei einem platten Reifen, ohne nachzudenken, einen neuen Schlauch einzuziehen.

Das kann einen melancholisch stimmen, wenn wir an die Endlichkeit der Ressourcen denken. Wir werfen die bis auf eine winzige Fehlstelle intakte Luftkammer weg und ersetzen sie durch eine neue. Das kann keine brauchbare Idee sein, obwohl sie Mechaniker als unausweichlich vertreten: Wo Zeit Geld ist und der Stundenlohn hoch, wäre es teurer, vor allem aber unsicherer, das Löchlein zu flicken, als den kompletten Schlauch samt Ventil zu erneuern.

Man wisse doch nie, ob es nur eine oder etwa gar mehrere undichte Stellen gebe. Außerdem altere Gummi, das könne zu einem Sicherheitsrisiko werden!

Ein gut gepflegter Schlauch hält länger als der Mantel, der ihn umgibt. Gummi leidet vor allem unter Sonnenlicht. Porös werden die Decken; Schläuchen sieht man ihr Alter kaum an, solange sie nicht schlecht behandelt worden sind.

Das Flicken eines Fahrradschlauchs hat seine eigene Poesie, wenn es um einen der tückischen Luftverluste geht, die sich langsam bemerkbar machen und oft dazu führen, dass zum ersten ein zweiter Schaden kommt, wenn der schlappe Reifen an ein Hindernis stößt und das Luftpolster zu schlaff ist, den Stoß aufzufangen. Dann verliert der Gummi den Raum, elastisch zu reagieren. Er gerät zwischen Hammer und Amboss, zwischen Bordsteinkante und Felge. Ein derart malträtierter Schlauch mit einer ganzen Reihe von Schwachstellen ist oft nicht mehr zu retten.

Kein Fahrradschlauch sollte »entsorgt« werden ohne das gehörige Ritual der Taufe. Das Luftpolster wird nicht hastig an der Stelle eines erkannten Defekts unter der Decke hervorgegraben und geflickt. Ich nehme mir die Zeit, das Rad auszubauen, die Luft ganz aus dem Schlauch zu lassen, die Decke abzunehmen, den Schlauch aufzupumpen und ihn durch eine große, mit Wasser gefüllte Schüssel zu ziehen.

Manchmal muss gleich ein überdeutliches Loch geflickt werden, durch das die Luft schon zischend entweicht, wenn der abgeschlaffte Schlauch wieder aufgepumpt wird. In anderen Fällen ist erst einmal nichts zu sehen oder zu spüren, selbst wenn der Fahrradflicker die höhere Empfindlichkeit der Schleimhäute nutzt und den Schlauch dicht an die Lippen führt, als wollte er ihn küssen.

Ein nicht mehr unter seine Decke gezwängter, von der alten, nach Gummi stinkenden Luft befreiter und frisch aufgepumpter Schlauch individualisiert sich, er nimmt Formen an, die er sich in seiner Zwangsjacke nie zugetraut hätte, bläht sich links und rechts von der Taille, die durch die verstärkte Textur um das Ventil geschaffen wird. In dem Wasserbad enthüllt er dann alle Geheimnisse. Feinste Luftblasen perlen aus einem unsichtbaren Loch, das mit Kugelschreiber oder Filzstift markiert wird.

Auch das Ventil wird geprüft. Bei Sclaverand-Ventilen oder ihrer französischen Variante lässt sich sogar etwas bessern, wenn sich ganz langsam eine Blase bildet und aufsteigt: Ich schraube es einen Tick fester zu. Gut zu reparieren waren die alten Dunlop-Ventile mit dem Schläuchlein, das gleich auch noch das Ventil abdichtete. Nur beim Pumpen verlangt es mehr Kraft als die staubanfälligen

Patentventile, die es dem Radler nicht verzeihen, wenn er die Ventilkappe verliert.

Das Flicken mit Aufrauen, Salben mit der Gummilösung, Aufdrücken des passenden (manchmal passend geschnittenen) Flickens und erneuter Prüfung im Wasserbad gibt während der nötigen Pausen auch Gelegenheit, die Decke zu prüfen und vor allem deren Innenseite abzutasten, ob nicht ein Dorn oder Metallsplitter im Gummi steckt und erst unter Druck gerade so weit hervorspringt, dass er den Schlauch punktiert.

So können wir dem Fahrradschlauch ein zweites und drittes Leben verschaffen, statt ihn beim ersten Defekt zu *entsorgen*. Dieses Wort kann einen wirklich besorgt machen, es enthält einen Appell an Gedankenlosigkeit, der das Ex-und-hopp spiegelt. Wir entsorgen den Schlauch ja nicht, sondern wir verleugnen die Sorgen, die uns dieses Stück Verschwendung machen sollte.

Wir haben ein Problem mit dem sparsamsten Aufwand an Intelligenz und Handfertigkeit erledigt, langfristig aber sowohl unsere Geschicklichkeit ebenso wie die Rohstoffreserven geschmälert. Um ein Winziges, schon gut, aber genau das ist ja ein Teil des Problems: Nichts tut uns weh, niemand kritisiert uns, wir sind glänzend gerechtfertigt – und machen doch die Welt ein bisschen mehr kaputt, als es eigentlich sein müsste.

Wir vergeuden die Ressourcen, die in dem vorschnell entsorgten Fahrradschlauch stecken, indem wir uns etwas über die Welt vorlügen: dass handwerkliche Arbeitskraft kostbar ist und möglichst geschont werden muss, während Material und Energie so wenig wert sind, dass wir sie verschwenden müssen. In Wahrheit ist es umgekehrt: Wir haben unterbeschäftigte und untergeschickte Hände im Überfluss, nur die Rohstoffe sind begrenzt, und Recycling ist meistens eine halbe Wahrheit, wenn nicht eine ganze Lüge.

Als die Industrialisierung begann, wirkten die Rohstoffe unerschöpflich: Was waren die paar Fässer mit Petroleum gegen den unterirdischen Ölsee! Seit Menschen begannen, nicht mehr mit ihren Händen zu schmieden und zu sägen, sondern Maschinen bauten, die das für sie taten und zusätzlich auch die für den eigenen Betrieb notwendigen Rohstoffe und Energiequellen erschlossen, haben wir den Respekt für das einzelne Ding durch das Konzept der Reihe ersetzt.

Ein Kind der Industriegesellschaft denkt nicht darüber nach, wie viel Aufwand in einem Fahrradschlauch steckt; es geht zum Automaten, zieht einen neuen, wirft den alten in den Müll. Im Grunde gibt es diesen einzelnen Schlauch gar nicht mehr, er ist Teil einer nicht abreißenden Kette identischer Ersatzteile, nicht etwas, für dessen Erfindung und Produktion menschlicher Geist und kostbarer Rohstoff stehen. Das Dienste geleistet hat und auch noch in seinem Untauglichwerden Aufmerksamkeit verdient.

Erfindungsgeist und Intelligenz stecken in der Entwicklung der Waren, in der Produktion, der Werbung, dem Marketing. Abgespalten davon wird der Konsument zum niedrigstmöglichen geistigen Niveau erzogen; er soll es immer bequemer haben und immer weniger nachdenken, was das alles auf lange Sicht mit ihm und seinen Nachkommen machen wird. So entsteht eine Welt, in der das Wegwerfen des Fahrradschlauchs frisch entschlossen und modern gedacht erscheint. Was will der Opa mit seinem Flickzeug? Natürlich werden die Schläuche recycelt! Gar upcycelt, in Geldbörsen, Gürtel oder Handtaschen verwandelt – wodurch freilich die Frage keine Antwort findet: Wer braucht diese Mengen an Geldbörsen, Gürteln und Handtaschen?

LASST KINDER RÄDER REPARIEREN

Es wäre einfach, Fahrräder zu bauen, die sich von einem neugierigen Kind reparieren lassen, weil sie sich auf dessen Bedürfnisse und Körperkraft einstellen. Die ersten Räder, die ich in den 1950er-Jahren fuhr, waren, verglichen mit dem aktuellen Schnickschnack, Muster an Übersichtlichkeit.

Konstrukteure und ihre Auftraggeber scheinen absolut frei von jeder Empathie angesichts der Frage, wie sich ihre Kunden fühlen, wenn etwas an ihrem Produkt kaputtgeht. Sie scheinen überzeugt davon, dass es genau richtig ist, wenn die Kunden diese Möglichkeit verdrängen und beim ersten Defekt in einen Abgrund stürzen, aus dem sie nur der Kauf des Neueren, Besseren, Schöneren erlöst.

Es war ein Schritt in eine neue Freiheit, als ich auf dem Rad meiner Mutter endlich losfahren konnte. 1950 hatte ich noch nie ein Kinderfahrrad gesehen. Ein paar Jahre später dann das erste eigene Rad. Ich liebte es so, dass ich es nicht nur putzte und polierte, sondern auch mit Salatöl einrieb, das ich aus der Küche stibitzt hatte – eine absurde Kosmetik. Später erfuhr ich aus einer Broschüre, dass Öl dem Lack nicht bekommt, und schämte mich meiner Fürsorge.

Auch dieses Kronjuwel hatte ab und zu einen Platten. Ich überlegte, die Decke abzuhebeln, aber ich war zu schüchtern, jemanden zu fragen, und fand kein Werkzeug außer einem Schraubenzieher, von dem ich fürchtete, er werde den Schlauch ein zweites Mal durchlöchern. Es gelang mir nicht, den Drahtreifen von der Felge zu lösen. Resigniert schob ich das Rad zu einem Mechaniker.

Die Szene spielt in Stammham, wohl während der Schulferien. Ich erinnere mich dunkel, wie ich den Mann an der Tankstelle (hieß er Probst?) bewunderte, der das Rad an zwei Ketten in seiner Werkstatt aufhängte, ruck, zuck die Decke abzog, ohne die Räder zu demontieren, den Schlauch prüfte, flickte, aufpumpte und mir mein Rad wieder aushändigte; ich glaube, es kostete 90 Pfennig.

Dieses Fahrrad, das ich als Kind so geliebt hatte, war vergessen und irgendwann zum Altmetall gewandert, als ich mit 16 Jahren auf ein Moped umstieg. Ich dachte keine Minute darüber nach (obwohl ich sparsam erzogen worden war und mir sonst jede unnötige Ausgabe genau überlegte), dass ich ja auch noch mit dem Rad zum Baden oder Einkaufen fahren konnte. Ich schwang mich in den Sattel, startete und preschte los. Nichts wird rücksichtsloser verdrängt als das soeben Überwundene. Ein 18-Jähriger ist in seinen Empathiemöglichkeiten der Kindheit ferner als ein 80-Jähriger.

Nachdem ich durch die Schule des Steinhauses in der Toskana gegangen und in die Großstadt zurückgekehrt war, interessierte ich mich wieder für das Radfahren. Ich kaufte mir das angeblich erste vollständig aus Aluminium gebaute Rad auf dem deutschen Markt. Einmal prallte an einer Kreuzung ein anderer Radfahrer gegen meinen Vorbau. Keiner von uns stürzte, wir fuhren weiter.

Erst als ich schon fast zu Hause war, fühlte ich mich belästigt durch etwas wie ein schwammiges Gefühl beim Lenken – und stellte fest, dass die Gabel, die das Vorderrad hielt, an einer Seite glatt durchgebrochen war. Ich wusste nicht, ob das gleich nach dem Zusammenstoß passiert war oder ein Haarriss sich im Lauf der Fahrt seinen Weg durch das Material gebahnt hatte. Aluminium war vielleicht doch nicht das beste Material? Ich kaufte eine Gabel, ein Buch mit dem schönen Titel »Fahrradheilkunde« und baute das neue Stück ein.

Es war eine Mischung aus Unwissenheit, Desinteresse und körperlicher Schwäche, die mich früher davon abgehalten hatte, mein Rad nicht nur zu pflegen, sondern es auch zu reparieren. Jetzt wusste ich, wie viel Kraft ein normaler Drahtreifen erfordert, um sich aus der Felge und wieder in sie hineinbefördern zu lassen. Mir wurde klar, dass ein Kind an diesem Kraftaufwand verzweifeln würde.

Seither ärgere ich mich über die Kinderfeindlichkeit der Konstrukteure. Ich würde Fabrikanten von Fahrrädern am liebsten zwingen, dass Kinder jede Konstruktion auf ihre Handlichkeit und Reparaturfreundlichkeit prüfen müssen. Kann ein Kind das Laufrad demontieren? Das Tretlager aufschrauben, um es zu fetten? Speichen einziehen, wenn welche gebrochen sind? Eine Decke ersetzen, einen Schlauch flicken, eine Gangschaltung einstellen, eine Kette, ein Ritzel wechseln?

Technisch wäre das alles kein Problem. Mit geringen Mehrkosten lassen sich Räder konstruieren, die von jedem Schüler zerlegt und zusammengebaut werden könnten, wenn es denn ein solches Unterrichtsfach gäbe. Aber die Pädagogik hat eine pfahlwurzeltiefe Tradition, die praktische Intelligenz und ihre Förderung zu ignorieren.

Wem es einige Male gelungen ist, einen Defekt zu erkennen und zu beheben, der geht mit einer Zuversicht an neue Aufgaben heran, welche der halbe Erfolg ist. Er gewinnt vielleicht auch ein Stück der Haltung, den Umgang mit Dingen ernst zu nehmen und aus ihm zu lernen. Diese Haltung verwandelt die Welt der Dinge, durch Fantasien und Projektionen gewinnen sie so etwas wie Leben.

Gefühle der Hilflosigkeit sind eng mit dem basalen Affekt der Angst verwandt. Das Empfinden »ich schaffe mein Leben nicht!« ist für unser Selbstgefühl so bedrohlich, dass die Verdrängung der Signalgeber spontan einsetzt. Der einsichtige Umgang mit den Dingen, die Aufmerksamkeit für eine nachhaltige und reparaturfreundliche Konstruktion wird durch die Verdrängung möglicher Schwäche, Anfälligkeit und Defekte behindert.

ENTSORGEN, VERDRÄNGEN

Es ist kein Zufall, dass die Metaphern, mit denen wir die dynamischen Prozesse um Vergessen, Verdrängen und Verleugnen beschreiben, dem Umgang mit Abfall gleichen: unter den Teppich kehren, ausgrenzen, »entsorgen«. Was wir an eigenem Erleben verdrängen, wird uns fremd. Wenn wir ihm begegnen, erkennen wir es nicht. Es könnte ebenso gut jemand anderem passiert sein, von jemand anderem gedacht, geplant, gefühlt worden sein als von mir.

Die Macht der Verdrängung über unsere Psyche ist buchstäblich unvorstellbar. Kaum eine Frau, die ein Kind zur Welt gebracht hat, wird die Geschichte einer anderen Frau glauben, die sich selbst und ihre Umwelt davon überzeugte, sie sei nicht schwanger – bis sie von den Wehen überrascht wurde. Dennoch kommt eine derartig massive Verdrängung gar nicht so selten vor.

Diese Prozesse sind auch am Werk, wenn wir Dinge aufgeben, sie nicht mehr mit Aufmerksamkeit besetzen und dann schnell zu der Überzeugung kommen, sie seien gar nicht mehr da. Ihre Defekte erinnern uns an eigene Behinderung, an Angst, Unvollkommenheit, Kontrollverlust.

Die Konsumgesellschaft macht uns auf eine gefährliche Weise primitiver, als wir es eigentlich sein müssten: Sie befreit uns von dem Zwang, sich mit den Defekten der Dinge zu beschäftigen. Sie tut das, indem sie Ersatz anbietet und/oder die Dinge ersetzt, *bevor* sie defekt sind. Sie sind »aus der Mode«, es gibt ein neueres Modell.

So infiltriert uns ein geistiges Klima, in dem Alter schlechthin zum Defekt geworden ist und die Schönheitschirurgen ähnlich argumentieren wie die Handyverkäufer: nicht zu lange warten, nicht daran glauben, dass man noch zuwarten kann, weil die wirklichen Alterserscheinungen ja noch gar nicht da sind.

Was den Schutz der Menschen vor destruktiven Manipulationen angeht, ist die Politik international noch fast unbeweglich. Es hat sehr lange gedauert, ehe die gesundheitsschädlichen Folgen des Rauchens energischer bekämpft wurden; was das Stoffwechselgift Reinzucker angeht, tut sich gar nichts. Wenn wir den Umweltschaden neben den Gesundheitsschaden stellen, merken wir, wie der Gesetzgeber industriehörig in Tiefschlaf zu sinken scheint.

Es fehlt beispielsweise jeder Ansatz zu einer Pflicht, Geräte reparierbar zu konstruieren und Ersatzteile vorzuhalten. Mächtige Firmen wie Apple können unbeschadet ihre Kunden zwingen, neue Smartphones zu kaufen. Niemand verbietet es, Konsumenten zu manipulieren, indem eine bisher intensiv genutzte und im Alltag als unentbehrlich erlebte Software einfach abgeschaltet wird, weil das Trägergerät »veraltet« ist.

Die Großmutter hat von ihrer Tochter ein iPhone geschenkt bekommen, das sie benutzt, um sich mit ihren Enkeln auszutauschen. Das Gerät ist bestens gepflegt und funktioniert einwandfrei – aber sie »braucht« ein neues, weil ihr bisheriges Smartphone Whatsapp nicht mehr »unterstützt«, wie die entsprechende Botschaft lautet.

Inzwischen existiert ein Nischenmarkt für reparaturfreundliche, fair produzierte Handys: das Fairphone einer niederländischen Firma und das Shiftphone eines Unternehmens im hessischen Falkenberg. Aber es gibt keinen politischen Rückenwind für solche Innovationen. Und während der Gesetzgeber energieeffizienteres Bauen und Renovieren fördert, denkt er nicht daran, es den Internetgiganten zu erschweren, jedes Jahr durch stromfressende Scheinverbesserungen ihrer Programme und Apps immer mehr Energie zu verbrauchen. Mein neues Smartphone macht mich jeden Tag auf die »Aktualisierung«, die »Verbesserung« meiner Apps aufmerksam und schlägt vor, das doch ein automatisches Helferlein erledigen zu lassen. Es wäre eine Rechenaufgabe eigener Art herauszufinden, wie sich solcher Eifer in ökologischen Fußabdrücken niederschlägt.

Häufig werden Smartphones, Tablets oder Laptops ersetzt, weil die Software nicht mehr funktioniert. Die nächste Entwicklungsstufe eines Betriebssystems kann bis zu 300-mal mehr Rechnerleistung verschlingen. Das sind künstliche Blähungen, die kaum etwas mit mehr Komfort für den Nutzer zu tun haben. Dieser würde vielleicht gerne das alte Betriebssystem behalten – aber wenn er auf Datenaustausch mit anderen angewiesen ist, hat er keine Chance.

Mark Herterich, ein Informatiker, der einst bei der Telekom den Bereich Smart Home leitete, hat deshalb Lastingware gegründet, eine Plattform für langlebige und sparsame Software. Er fordert, dass der Gesetzgeber marktbeherrschende Unternehmen verpflichtet, ihre Programme und Apps so auszulegen, dass sie auch auf älteren Geräten laufen. Alles andere ist eine unsinnige Ressourcenvergeudung. Der »Betrieb« des Internets, vor allem jener der riesigen Datenwolken, produziert heute schon mehr klimaschädliches Kohlendioxid als der private Flugverkehr.

Kapitel 9

SCHERBEN ZUM SCHMELZEN BRINGEN

Die materielle Kultur spiegelt und verdeutlicht unser Innenleben. Das zeigt auch die Auseinandersetzung über den »richtigen« Umgang mit zerbrochenen, beschädigten Kunstwerken. Angesichts des Schutthaufens, in den sich der Glockenturm von San Marco von einer Stunde auf die nächste verwandelt hatte, ist der Wunsch der Venezianer nachvollziehbar, ihn genauso wie vorher dort wieder stehen zu sehen. Dass sich aus dem Schutt auch eine ganz andere Gestalt erheben könnte und seine amorphe Masse Raum für Kreativität öffnet, tritt in einem Schockzustand in den Hintergrund.

Menschen erleben Veränderungen in einer fast zwingenden Metapher als »Bruch«: Eine Karriere, eine Ehe, eine Freundschaft, die Beziehung zu einem Kind sind zerbrochen wie die Porzellanvase auf den Fliesen. Auch solche Brüche wecken den dringenden Wunsch, sie zu reparieren. Er nimmt zuallererst die Gestalt des Wunsches an, sie ähnlich ungeschehen zu machen wie den Einsturz des Glockenturms.

Gegenwärtig erinnern sich Architekten wieder an das Bauen mit Lehm. Es ist in Afrika und Asien verbreitet, im arabischen Jemen zu großer Vollendung entwickelt worden. Der verwendete Mörtel kann jederzeit wieder in Wasser aufgelöst und neu eingesetzt werden – erkauft durch den im Trockenklima erträglichen Nachteil, dass nach einigen heftigen Regengüssen die vom Wasser getroffenen Stellen ausgebessert werden müssen.

Persönlich und lange Zeit ohne Verständnis bin ich der Lehmbauweise in dem Nebengebäude des Steinhauses begegnet. Es war mir schon aufgefallen, dass der Mörtel dort aus den Fugen bröselte und sich an zwei Stellen kleine Steinlawinen aus dem Gefüge verabschiedet hatten.

Ich fürchtete um die Stabilität des Ganzen und begann mit Zementmörtel zu flicken: ein Teig aus drei Teilen Sand, einem Teil Zement, gut gemischt, mit etwas Wasser in einem Eimer angerührt. Kleine Steine und Ziegelfragmente (erinnern wir uns an die Entsorgung der *Embrici* durch die Maurer) in einem zweiten, mit Wasser gefüllten Eimer einweichen. Große Steine und die Steine, die noch in der Mauer stecken, gut mit dem Waschl benetzen. Lücken und Löcher mit kleinen Steinen und Mörtel zustopfen, alles mit der Kelle glatt streichen.

Murarono col tufo, erklärte mir Elio, der Verwalter der *Padrona.* »Sie mauerten mit Tuff«, heißt das wörtlich übersetzt. Ich fragte ihn, ob er mir den *Tufo* zeigen könne. Es war Tonmergel, der an manchen Stellen aus den Hängen trat, wo sich keine Vegetation halten konnte. Wie genau die alte toskanische Lehmbauweise funktionierte, wusste auch Elio nicht. Ich vermute, dass sie sehr viel Handarbeit erforderte, aber weitgehend mit den Materialien auskam, die in der Umgebung zu finden waren: Sandsteintrümmer in allen Größen, dicke und dünne Bäume, Lehmschichten zwischen dem Sandstein. In achthundert Meter Entfernung wurde damals ein Steinbruch betrieben, aus dem die Fenster- und Türlaibungen des Hauses kamen. Neben dem aufgelassenen Steinbruch fanden Archäologen später ein etruskisches Grab. Sie legten es frei; eine Zeit lang konnten wir es noch besichtigen, dann verschwand es wieder unter der Vegetation.

Meine Reparaturen hatten ohne Verständnis für diese Zusammenhänge begonnen. Sie mussten mit dem vorliebnehmen, was es in der *Ferramenta* gab; Werkstoffkunde vor Ort gehörte nicht dazu. Sicher gab es vor zweihundert Jahren noch das Wissen, wie die mit *Tufo* gemauerten Wände gepflegt und gewartet werden müssen, wenn sie nicht durch Regenschlag ausgewaschen und beschädigt werden sollen.

Heute stehen diese Mauern noch. Sie tragen Narben, die sie vor dem Einsturz schützen. Die Fugen aus hartem grauen Material zwischen den weichen, tonigen Farben des zweihundert Jahre alten Mörtels sind Pfusch, Flickwerk, ich kann das freundliche Wort *Wabi Sabi* für sie nicht finden.

Die Lehmbauweise ist eine schöne Metapher für einen sinnvollen Umgang mit Brüchen. Der Stoff einer geborstenen Mauer wird in einem Wasserloch von allen scharfen Kanten, aller Festigkeit befreit und neu geformt. Das Motiv des unheilbaren Bruchs wird durch den Gedanken ersetzt, dass Zerbrochenes formlos werden darf und daraus Neues entstehen kann. So wird aus dem destruktiven Schlusspunkt ein Neuanfang. Aus der Auflösung der Reste des fest Geformten entsteht das Baumaterial für neue Räume.

Die psychische Last auf den Individuen wächst mit der Starre der materiellen und sozialen Formen. Die Entwicklung der menschlichen Zivilisation verläuft eindeutig und durchaus nicht ungefährlich in Richtung auf immer festere und gleichzeitig immer zerbrechlichere Strukturen. Es gibt immer mehr Scherben, an denen wir uns verletzen. Das gilt für die technische Welt, für Städte, Häuser, Industrieanlagen ebenso wie für die komplexen Rechtsvorschriften, welche das Zusammenleben regeln und zu einer Menschenmaschine werden, welche Experten herrschen lässt und Experten beherrscht.

Der erste und wohl wichtigste Schritt auf diesem Weg war die Schrift. Sie fixierte Sprache und Rechnung, sodass die Menschen nicht mehr in die von Lebensprozessen beherrschte mündliche Überlieferung zurücktauchen konnten. Was nicht vor Ort mit den vorhandenen Mitteln gebaut und repariert werden konnte an Gehäuse für Tier und Mensch, das wurde auch nicht gebaut. Wie die Bauten aus Lehm sich auflösen und ständig repariert werden müssen, so wurde auch nur festgehalten, was das menschliche Gedächtnis trug, was der alte Dichter den Jungen lehrte. Ein tiefes Gefühl für Vergänglichkeit, für die unvermeidlichen Zyklen von Erinnern und Vergessen, Jugend und Alter hatte Macht über alle Menschen.

Mit dem nicht mehr den Lebenszyklen unterworfenen Zeichen geschah etwas, was sich durchaus mit dem Mythos vom Verlust des Paradieses durch die verbotene Frucht der Erkenntnis vergleichen lässt. Die ältesten schriftlichen Dokumente sind Tontafeln. Sobald der weiche Ton gebrannt wird, lässt er sich nicht mehr in den formbaren Lehm zurückverwandeln. Die menschliche Sehnsucht nach Unsterblichkeit, nach Verewigung wurde möglich, ein Eroberungsschritt, vergleichbar der Landnahme des ursprünglich meergebundenen Lebens auf dem Planeten.

Jetzt konnten sich Menschen zwar immer noch nicht physisch, aber doch als Zeichen unsterblich machen; die in Altägypten gleichzeitig mit der Schrift entwickelte Kunst des Einbalsamierens und der luxuriösen Geisterherbergen in Pyramiden und Schächten weisen auf diesen Zusammenhang hin. Die Worte des Dichters veränderten sich nicht im Gedächtnis seiner Schüler, sie wurden, wie es vor zweitausend Jahren Horaz sagte, ein Denkmal für seinen Geist, dauerhafter als Erz.

Ein großer Schritt, erkauft durch wachsende seelische Belastung, vor allem durch die von jetzt an unvermeidliche Ungleichheit zwischen den Menschen, die von den technischen Mächten beherrscht werden, gegenüber jenen, die sie sich aneignen und mit ihrer Hilfe regieren. Claude Lévi-Strauss hat in seinem Buch *Traurige Tropen* diesen Zusammenhang zwischen Schriftzeichen und Unterdrückung erschlossen; er steht für die Härte, die jedem »Fortschritt« eingeschrieben ist, der nicht in den emotional durchtönten Wunderkammern der Erinnerung schmilzt und sich neu formt.

Die Konsumgesellschaft hat die von den Dichtern beklagte Verunsicherung durch den Machtunterschied noch einmal gesteigert (Hamlet: *So macht Bewusstsein Feige aus uns allen*). In der menschengemachten, menschenbeherrschten Welt sind wir vor Raubtieren und Giftschlangen sicher. An die Stelle der durch Flucht oder Kampf lösbaren Angstsituationen treten Dauerspannungen. Je komplexer die Umwelt durch die Vielzahl an Warenangeboten und beruflichen Möglichkeiten wird, desto mehr kippt das Gefahrenpotenzial zurück zu den Individuen und ihren womöglich falschen Entscheidungen, ihren Bedienungsfehlern.

Wer in einer existenziell bedeutungsvollen Beziehung unsicher wird und den inneren Raum nicht findet, sich einzufühlen, der beginnt zu vergleichen. Dem durch Reklame und Warentest im Vergleichen bestens trainierten Konsumenten fällt es schwer, sich damit abzufinden, dass Freundschaft und Liebe unvergleichbar sind. Unter dem Druck von Vergleichen verwandeln sie sich in Geschäfte.

Tragfähige Beziehungen entstehen nicht durch unermüdliche Suche nach dem richtigen Partner und Selbstoptimierung durch Training und Kosmetik. Sie wurzeln in der Verarbeitung von Mängeln und Schwächen, in der Fähigkeit, sich kreativ und humorvoll von perfektionistischen Ansprüchen zu distanzieren, ohne den Gedanken an eine gemeinsame Entwicklung aufzugeben.

DIE LIZENZ ZUM PFUSCHEN

Oft beobachtet der Retter der alten Dinge, dass diese besser gemacht sind als ihre neuen Rivalen. Wer sie erhält, pflegt und repariert, behält beispielsweise ein Möbelstück aus Massivholz, das fester ist und sich auch in Zukunft besser reparieren lässt als ein Produkt aus Spanplatten.

Gleichzeitig ermutigt jede Unvollkommenheit weitere Bastelei – Hauptsache, etwas funktioniert!

Natürlich wäre es schöner und handwerklich korrekt, das ausgebrochene Futter einer noch vom Schreiner gemachten Tür zu restaurieren: den Rahmen auseinanderzunehmen, ein passendes Stück Holz einzupassen und den Rahmen wieder zusammenzusetzen. Aber es reicht doch auch, mithilfe von zwei Leisten ein Brett über der Öffnung zu befestigen und das Ganze neu zu streichen – es zieht nicht mehr.

Handwerklich gesehen, ist das Pfusch. Aber ich sehe in der Lizenz zum Pfuschen eine kostbare psychische Qualität. Je mehr wir sie durch Perfektionismus schwächen, desto kälter wird die Welt. Nicht nur Kinder, auch Erwachsene verlieren glückliche Möglichkeiten, wenn wir ihnen halb Gelungenes, Improvisiertes aus der Hand reißen und sie belehren, dass es so nicht sein darf, dass ein Fachmann gebraucht wird. Wo nicht alles glänzt und passt, lässt man es lieber!

Nicht immer funktioniert schlecht, was nicht nach den Regeln der Kunst gemacht ist. Mein Paradebeispiel dafür ist das Gasseil in meinem ersten VW-Käfer. Einmal wollte ich an der Ampel losfahren. Gang einlegen, Kupplung loslassen, Gas geben – Stillstand. Der Motor reagierte nicht auf das Gaspedal, es zeigte keinen Widerstand. Heckklappe auf. Das Gasseil war dicht am Vergaser gerissen.

Ich kaufte mir nach kurzem Überlegen für ein paar Pfennige eine Lüsterklemme. Mithilfe einer Kombizange und eines Schraubendrehers gelang es mir, die zerfransten Enden des gebrochenen Gasseils in die Öffnungen der Klemme zu stecken. Dann schraubte ich die kleinen Messingschrauben der Klemme fest zu und fuhr vorsichtig los.

Die Lüsterklemme am Vergaser sah lächerlich aus. Den Bowdenzug als Ersatzteil zu kaufen und zu erneuern traute ich mir nicht zu. Dann vergaß ich meinen Pfusch. Ich habe den Käfer noch zwei Jahre gefahren und dann einer Bekannten verkauft. Das Gasseil wurde immer noch durch die Lüsterklemme zusammengehalten. Der TÜV hat es nicht bemerkt, er hätte diese Reparatur wohl nicht geduldet.

Als mir beim Mähen ein Rundeisen, das aus der Wiese stach und wohl aus altem Bauschutt stammte, eine Scharte in die Sense machte, legte ich diese beiseite und mühte mich mit Leibeskräften, das Eisen aus der Erde zu reißen. Es gelang nicht, und ich überlegte schon, mit Pickel und Schaufel wiederzukommen, als der alte Nachbar hinzutrat.

Er war ein drahtiger Mann, der Stumpen rauchte und einen zynischen Humor hatte. Jetzt zog auch er einmal energisch an dem Eisen – er wäre kein Mann gewesen, hätte er darauf verzichtet. Dann schüttelte er den Kopf, bog die Spitze um und begrub sie mit einem kräftigen Tritt in der Erde. Ich konnte weitermähen. Er verabschiedete sich mit dem Satz: *Bled derfst scho sei, aba heafa muasst dia kenna!* Hochdeutsch heißt das: »Blöde darfst du sein, aber helfen musst du dir können!«

Auf diese Idee war ich nicht gekommen. Ein solches Eisen gehört zum Altmetall, dachte ich, auch wenn es viel Mühe kostet, es zu bergen. Ich hätte erst einmal gegraben, um zu sehen, was es im Boden festhielt; wenn das zu aufwendig geworden wäre, das Eisen zu weit in die Tiefe reichte, noch an einem Betontrumm hing, hätte ich wahrscheinlich das aus der Erde ragende Stück mit einer Metallsäge abgeschnitten.

So weit ging meine Ordnungsliebe nicht, dass ich grundsätzlich darauf bestanden hätte, aus der Erde zu bergen, was sichtlich nicht in sie hineingehörte. Auch ich hätte mir die Mühe erspart, alles Eisen herauszuholen, wenn es zu aufwendig geworden wäre. Aber ich kam nicht auf die Idee, das ganze Eisen wieder unter die Oberfläche zu treten und es dort dem Rost zu überlassen.

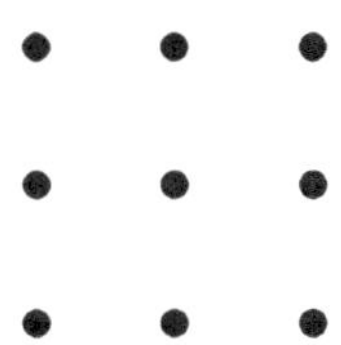

Das 9-Punkte-Quadrat.

Wie schwer eine Denkgrenze zu überwinden ist, zeigt das »9-Punkte-Problem«. Die quadratisch angeordneten Punkte sollen mit einem Stift durch vier gerade Linien verbunden werden, ohne abzusetzen. Versuchspersonen brauchen oft sehr lange, um das Problem zu lösen, weil sie nicht über das Quadrat hinausdenken.

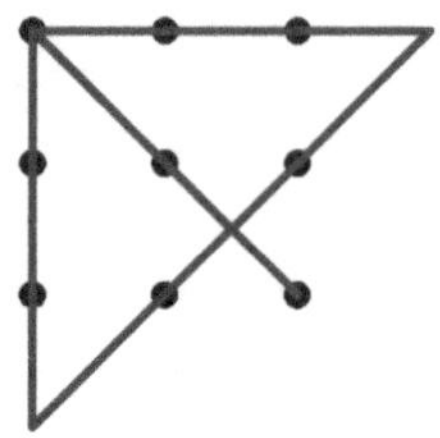

Die Punkte sind mit einem Stift durch vier gerade Linien zu verbinden, ohne den Stift abzusetzen.

Wenn ein Pfuscher Erfolg hat, nennen wir ihn originell. Wenn er scheitert, haben wir schon immer gewusst, dass es so nicht geht. Abschätzig nennen wir eine Arbeit Pfusch, die mit verlogenen Versprechungen arbeitet: Das neue Dach ist nicht dicht, die Mauer ist aus dem Lot, beim Ölwechsel an der Tankstelle wurde der Filterwechsel »vergessen«.

In der europäischen Geschichte wurde der Pfusch von den Zünften definiert und hat eine rassistische Seite. Juden und Zigeuner, denen der Weg in das zünftige Handwerk versperrt war, brachten als »Pfuscher« die Kunst der Reparatur zur Blüte.

Bei den ärmeren Leuten waren reisende Pfuscher willkommen. Sie arbeiteten mit eindrucksvoller Fertigkeit und trugen dazu bei, dass Dinge erhalten blieben und funktionierten, die wir heute längst aufgegeben hätten. Pfuscher flickten Geräte aus Kupfer und verzinnten sie. Sie schliffen Scheren und Messer, machten Werkzeuge wieder gebrauchstüchtig und reparierten zerbrochene Tonschüsseln oder Backformen mit kunstvoll geflochtenen Drahtnetzen. Wer altes Gerät sammelt, sieht in diesen Reparaturen keine Minderung ihres Werts. Die Reparatur macht das Ding kostbar.

Während aus der Perspektive des zünftigen Handwerkers die Pfuscher klägliche Gestalten sind, die etwas unfachmännisch machen, was jeder unterrichtete und korrekte Mensch einem Fachmann anvertraut, sind, global gesehen, die Pfuscher weit in der Überzahl. Wer von den zahllosen Männern und Frauen, die in den armen Ländern Schuhe flicken, Autos wieder in Gang setzen, Fahrräder oder Radios reparieren, hat ein Handwerk korrekt gelernt, wie es in Europa selbstverständlich ist? Wer hat dem Mann im Basar von Marrakesch beigebracht, aus alten Autoreifen Handtaschen, Eimer, Sandalen und sogar Aschenbecher zu machen? Woher weiß der Junge in Kairo, wie man »Einwegfeuerzeuge« noch einmal und noch einmal füllt?

Wenn etwas kaputtgeht und es leicht ist, Ersatz anzuschaffen, halten es wohl die meisten Menschen für normal, das kaputte Ding wegzuwerfen und ein neues zu kaufen. Es war und ist nicht Einsicht, sondern Armut, welche die bewundernswürdigen Reparatur- und Wiederverwertungsfertigkeiten entfaltete, denen wir in Asien und Afrika begegnen und die auch Teil unserer eigenen Tradition der Drahtflechter, Kesselflicker, Flickschuster und Störschneider sind.

Worum es mir geht, ist die Differenzierung zwischen gutem Pfusch und schlechtem Pfusch, zwischen schönem und hässlichem, würdevollem und beleidigendem Pfusch, zwischen einer durchdachten nichtfachmännischen Arbeit und einer, die den Schaden vertieft.

Wer alte Möbel restauriert, kann viel über solche Unterschiede herausfinden. Sie haben Reparaturversuche hinter sich, von denen manche erhaltenswert sind, andere aber das Überleben des Stücks gefährden. Wer beispielsweise bei einer Reparatur in Holz Drahtstifte (der Laie sagt »Nägel« zu ihnen, aber Nägel sind geschmiedet) oder Schrauben aus Stahl verwendet, richtet Schaden an, sobald die Möbel feuchter Luft ausgesetzt sind. Eisen rostet und zerstört nicht nur sich selbst, sondern auch das Holz in seiner Umgebung. Daher sollte man nie eiserne Nägel in lebende Bäume schlagen. Weil es in Räumen ohne Zentralheizung oft ein wenig feucht werden kann, haben die alten Möbelbauer gedübelt, verzapft und geleimt.

Die Teekanne mit dem zerbrochenen Schnabel, der durch eine kunstvolle Bandage aus Kupferblech ergänzt ist, die Tonschüssel, deren Sprung gekittet und mit einer Drahtnaht stabilisiert wurde, der Tisch mit dem angeleimten Bein, die neu verdübelte Armlehne des Sessels - so steigt der Pfusch zu den Höhen des guten Handwerks empor. Auf der anderen Seite sind ganze Produktionslinien der Industriewaren hinter makellosen Oberflächen verpfuscht wie die übertünchten Gräber, von denen der Evangelist spricht.

Kapitel 10

DER MÜHE WERT

Ich war Student und hatte mich mit einer blinden Psychologin angefreundet, die einen Vorleser suchte. Einmal besuchte ich sie und begegnete ihrem Vater, der gerade an einem Scharnier der neuen und sichtlich teuren Schrankwand in ihrem Wohnzimmer herumgedokterte. Dieses Scharnier hatte sich gelockert; er hatte versucht, die Schraube tiefer einzudrehen, mit dem Erfolg, dass ihm die Schraube herunterfiel, gefolgt von einem Häufchen schwer definierbarer Krümel, wohl dem Holz-Kunststoff-Gemisch, aus dem die Schrankwand hinter ihrem Nussbaumfurnier gemacht war.

Er war nun damit beschäftigt, mithilfe von abgebrochenen Zündhölzchen, die er in den Krater steckte, der Schraube wieder Halt zu verschaffen. Er tat mir leid, und ich schwor mir, niemals ein Möbelstück aus diesem Material zu erwerben. Eine bessere Reparaturidee hatte ich damals nicht; heute würde ich vielleicht versuchen, ein Loch zu bohren, einen Dübel hineinzustecken oder das Scharnier mit einer durchgehenden Schraube zu befestigen, deren aus dem Furnier ragender Kopf jedem sagen würde: Sorry, es geht nicht besser!

Oft kann sich der Bastler nicht aussuchen, ob das defekte Ding die Mühe wert ist, sich mit ihm zu beschäftigen. Er könnte sagen: Diese Fehlkonstruktion repariere ich nicht, die ist es nicht wert, sich mit ihr abzuplagen, weg damit und etwas Besseres kaufen! Stolz ist ein schlechter Ratgeber, und oft macht es sogar Spaß, die

Herausforderung zu bewältigen, vor die uns ein schlecht konstruiertes und/oder billig gefertigtes Ding stellt.

In dem Steinhaus gibt es kein fließendes Wasser. Man kann zur Quelle gehen; bequemer ist die Zisterne, aus der man mit einem Eimer schöpft. Wir erwarben eine Campingdusche, die aus dicken und dünnen Schläuchen zusammengesteckt war. Man tauchte den Saugschlauch in einen Eimer oder in einen Tümpel, trat mithilfe von zwei gerippten Trittflächen aus Plastik auf zwei dicke Schläuche, die abwechselnd das Wasser ansaugten und in einen Duschkopf drückten.

Es sieht hampelig aus, wenn sich jemand auf diese Weise duscht, aber es erfüllt seinen Zweck perfekt. Ich stellte einen schwarz lackierten Blecheimer (Plastik verträgt auf Dauer das Sonnenlicht schlecht und leitet auch die Wärme nicht so gut) in die Sonne und hatte nach einigen Stunden eine warme Dusche.

Nach dem ersten Jahr waren die gesteckten Schlauchverbindungen ausgeleiert und lockerten sich. Sobald Druck darauf kam, war es vorbei mit dem Duschgenuss, wenn sich eine der sechs gesteckten Verbindungen löste. Man musste den Fehler finden, neu zusammenstecken und konnte nur hoffen, dass die Verbindung wenigstens für ein paar Minuten hielt und man die Seife noch aus den Haaren bekam.

Die Tretdusche, warmes Wasser und Quadrate aus halbierten Kastanienstämmchen als Duschrost.

Mithilfe von passenden Schlauchklemmen hat diese Dusche viele Jahre ihren Dienst getan, bis einer der Tretschläuche undicht wurde. Auf dem Markt gab es sie nicht mehr; Campingplätze haben heute fließendes Wasser. Die neue Dusche im Steinhaus besteht aus einem Tank an der Südmauer, der schwarz gestrichen ist. Er wird mit einer Pumpe gefüllt und stellt den Druck für die Brause durch das Gefälle her. Bei sonnigem Sommerwetter hat man Warmwasser, so viel, wie man vorher pumpen mag. Bei Regenwetter und im Winter muss man kalt duschen.

Die neue Dusche.

Weil ich die Klemmen aufgehoben hatte, war ich nicht hilflos, als während des Ausschneidens der Rosenstöcke eine Astschere, zweihändig zu bedienen, gekauft bei einem Discounter, ihre Funktion aufgab.

Die Schneiden waren aus gutem Stahl und sehr scharf. Die Holme waren aus zwei flachen Metallrohren. Sie steckten vielleicht drei Zentimeter in einem Kunststoffteil, das den Schneidekopf mit den armlangen Hebeln verband. Das Material der Holme war Blech, das beim ersten härteren Ast nachgab. Ich hielt einen Holm in der Hand, der am oberen Ende gerissen war. Ich konnte ihn zwar wieder auf das Kopfstück stecken, aber beim kleinsten Druck löste er sich wieder.

Ich dachte an meine alte Astschere. Sie hatte hölzerne Holme, die mit den kurzen Stahlarmen der Schere verschraubt waren. Sie hatte viele Jahre gehalten. Ich dachte an einen Patienten, einen schwer depressiven Maschinenbauingenieur, der einfach nicht mehr konnte. Sein Auftrag war, Autozubehör so zu konstruieren, dass bei der Produktion Centbeträge gespart werden konnten; gleichzeitig musste die Ware hochwertig aussehen.

Einen solchen Auftrag hatte wahrscheinlich der koreanische, indische, chinesische Ingenieur auch bekommen, dem ich diese Schere verdankte. Ein solide verschraubter oder vernieteter Griff, der die zu dieser Arbeit nötige Kraft übertragen kann, hätte ein paar Cent mehr gekostet.

Ich klopfte mit dem Schlosserhammer das flache Rohr so zusammen, dass sich der Riss schloss. Jetzt saß es wieder in seiner Plastikfassung. Vorher hatte ich eine der Rohrschellen übergestreift und zog sie jetzt mit dem Schraubendreher fest. Jetzt wackelte nichts mehr, ich konnte weiterarbeiten; wie lange das Provisorium hält, kann ich noch nicht sagen. Wenn es sich bewährt, werde ich auf jeden Fall den anderen Holm, der bisher noch gut sitzt, auch mit einer Rohrschelle verstärken.

Ende der 1960er-Jahre kauften wir bei einem Bahnwärter zwischen Pisa und Florenz, einem bärtigen Mann, der das Handwerk und die Werkzeuge seines Großvaters pflegte, einen Satz Stühle, die mit dem Alter immer schöner wurden. Sie sind aus gedrechselten Pinienholzstäben. Die einzige Verzierung sind vasenförmige

Enden der Lehnen. In Bohrlöcher eingelassene Streben halten die Beine zusammen, der Sitz ist aus Binsen geflochten, die Lehne ist aus schmalen Holzstreifen gemacht, deren Enden in Schlitze der hochragenden Hinterbeine eingelassen sind. Der oberste Streifen ist etwas breiter und sanft geschwungen.

Der Stuhlmacher zeigte uns damals seine Werkstatt. Es war ein penibel sauberer, heller Kellerraum mit Zementboden. Neben einer großen Hobelbank mit einigen einfachen Handwerkzeugen – Beile, Stemmeisen, einem Handbohrer, einem Ziehmesser – häuften sich lange Bündel von gelben Binsen. Er sei gerade dabei, Sitze für die Bestuhlung eines *Ristorante rustico* zu flechten, sagte der Mann und wies auf einen hohen Stapel industriegefertiger Stühle.

In einem Winkel lag ein unbehauener, dicker Baumstamm, vielleicht vier Meter lang und sicher sehr schwer. Von ihm aus schwang sich ein wohl fünf Meter langer, an seiner Basis etwa armdicker Ast frei in den Raum hinein. Um die Spitze dieses Astes, der noch seine Rinde trug, waren Schnüre gewickelt, als hätte ein Kind mit einer

Die neuen Stühle und der alte Hirte. Links einer der älteren, ortsüblichen Stühle, die mit dem Pennato *gemacht wurden, dem charakteristischen Werkzeug toskanischer Bauern, einer Kombination aus Haumesser und leichtem Beil.*

Angelrute gespielt. Ich verstand nicht, was dieser Baumstamm mit dem geschwungenen Ast sollte, fragte aber auch nicht weiter nach. Der Stuhlmacher erklärte, er brauche für seine Arbeit keine elektrische Energie, nur die Kraft dieses Holzes. Seine Stühle seien ohne Leim und ohne Schrauben zusammengefügt.

Heute weiß ich, was ich damals gesehen habe: eine Peitschendrehbank. Der Baumstrunk war das Gewicht, welches den elastischen Ast hielt. Zwischen dem federnden Ast und einem Pedal war eine Schnur gespannt. Diese wurde um ein passendes Scheit eines Pinienstamms gewickelt und der Rohling zwischen zwei drehwillige Stahlspitzen eingespannt.

Mit energischen Tritten gedreht, heben sich unter dem Drechseleisen von dem Werkstück feine Späne ab. Für jeden Stuhl brauchte der Handwerker vier Rundstäbe, zwei kurze, unverzierte und zwei längere für die Lehne, die oben mit einem Knauf geschmückt waren.

Diese Arbeit mit frischem Holz war für das bäuerliche Handwerk selbstverständlich. Grünes Holz ist nicht nur leichter zu finden als abgelagertes, es ist auch einfacher zu bearbeiten. Der Wasseranteil macht es weicher, die Fasern trennen sich besser. Wer Holz spalten will, sollte es möglichst tun, solange es nicht ausgetrocknet ist.

Seit ich ein wenig in der neuen Literatur über *Green Woodwork* gelesen habe,[23] fand ich eine Reihe von Hinweisen, dass die dort beschriebenen Künste zum Repertoire der ländlichen Handwerkskunst gehörten, die mit einfachen Mitteln, ohne Energieverschwendung und teure Rohstoffe, schöne Dinge herstellte. Auch die Fachwerkhäuser, von denen viele schon über hundert Jahre stehen, wurden aus frisch gefälltem Holz gebaut.

In der traditionellen Holzarbeit war es selbstverständlich, den natürlichen Wuchs auszunutzen, vom Spazierstock bis zur Schiffsrippe. Wer den lebenden Baum mit eigenen Händen fällt und verarbeitet, der erfährt auch, wie sich unterschiedliche Hölzer bearbeiten lassen. Und findet leichter, was er gerade braucht.

Afrikanische Alltagsschnitzkunst ist ein schönes Beispiel für diesen Stil, den manche »opportunistisch« nennen, obwohl er eher elegant und ökonomisch ist. Es geht darum, das fehlende Stück Hausrat – etwa eine Kopfstütze, einen Schemel, ein Grabwerkzeug, eine Ahnenfigur – im Wald zu »sehen«, um es dann mit möglichst wenig zusätzlicher Arbeit in das Gewünschte zu verwandeln.

Dicke Hölzer trocknen langsamer als dünne. Wenn man dünne Streben und dickere Rundhölzer drechselt und dann die dünnen Streben in exakte Bohrungen der dicken Teile einfügt, werden die stärker durchgetrockneten Teile durch den Trockenschwund ohne einen Tropfen Leim festgehalten.

Forzate nannte der Stuhlmacher seine Vorgehensweise des Hineinzwingens. Damit meinte er vielleicht auch, dass er die Verbindungshölzer leicht gekrümmt hatte, dass sie ständig gegeneinanderarbeiteten und sich auf diese Weise festhielten. Bei den englischen Windsor-Stühlen gehörte das zu den Tricks der *chair bodgers*, der reisenden Stuhlmacher.

Die schönen Stühle aus gedrechseltem und zusammengezwungenem Pinienholz dienten uns viele Jahre lang am Esstisch in der Küche, die in dem Steinhaus der erste Raum hinter dem Eingang ist und an Regentagen durch das Kaminfeuer erwärmt wird. Sie wurden gelblicher und glatter, setzten Patina an. Womit wir nicht gerechnet hatten, waren die Mäuse, die in einem Winter, als das Haus verlassen war, große Löcher in die Bespannung der Sitzfläche nagten, um ihre Nester zu polstern.

Wir versuchten erst, uns durch Sitzkissen zu behelfen. Aber die Schäden waren zu groß, die Binsen hingen herunter wie Ponyfransen. Ein Aufgabe für die Grünholzwerkstatt? Ich hatte sie, sehr dilettantisch, inspiriert durch die Lektüre von *Green Woodwork*, eingerichtet. Auf einem in Tischhöhe gekappten Baumstumpf im Hauswald ist ein Schraubstock mit zwei kräftigen Holzschrauben befestigt. Er dient als Halt für alle Schnitz- und Bildhauerarbeiten. Daneben stehen Sägebock und Hackstock.

Die Holzwerkstatt.

Ausgangsmaterial sind frisch gefällte, schenkeldicke Stämme von Kastanie und Ahorn. Ich säge sie auf passende Länge, spalte sie, behaue sie mit dem *Pennato* und glätte sie mit dem Ziehmesser. Dieses Ziehmesser ist eine armlange Klinge mit zwei Griffen. Wer mit der Faser arbeitet, kann sehr gleichmäßige Späne abziehen. Mein bäuerlicher Großvater hatte dazu eine Schnitzbank. Das Werkstücke wurde über einen Hebel festgehalten, auf den man sich mit der ebengleichen Kraft stützte, die aufgewendet wurde, um einen Span abzuziehen.

Das Ziehmesser habe ich auf dem Flohmarkt gefunden und selbst geschliffen. Es trägt noch ein Schmiedezeichen und ist für den Laien ein wunderbares Werkzeug, längst nicht so anspruchsvoll wie ein Hobel. Einfach und rasch lassen sich die Flächen glätten, die beim Arbeiten mit Axt und Säge entstehen. Die Produkte sind Löffel, Salatbestecke, Spatel für Pfannen und Ersatzteile wie Werkzeugstiele, aber auch eine Garderobe für die Werkstatt aus einem Halbstamm, in den Löcher gebohrt und Pflöcke eingeschlagen wurden.

Die Werkstattgarderobe.

In der Zeit, die ich in München brauche, um einen neuen Hammerstiel zu kaufen, habe ich hier selbst einen gemacht. Das Holz der Edelkastanie, das sich willig entlang der Faser spaltet und beim Trocknen wenig schwindet, ist ein ideales Material für solche Bastelzimmerei. Es gibt kaum eine befriedigendere Arbeit, als im Juni einen passenden Kastanienstamm auszusuchen, der wipfeldürr ist oder anderen, besseren im Wege steht, ihn zu fällen, zu schälen und zu irgendwelchen nützlichen oder schönen Dingen zu verarbeiten.[24] Dieser Duft! Die Rinde lässt sich in großen Bahnen lösen. Man kann sie als Schutz gegen das Unkraut unter die Rosen legen oder Stuhlsitze und Körbe aus ihr flechten.

Grünholzarbeit ist lehrreich, weil sie den Schnitzer, Schreiner oder Zimmermann mit dem lebenden Baum verbindet. Wer selbst in den Wald geht und das Holz für die benötigte Arbeit dort findet, entwickelt eine ganz andere Beziehung zu seinem Material als der Bastler, der mit Spanplatten aus dem Baumarkt arbeitet. Er erhascht einen Zipfel vom alten Handwerk, für das diese Übung noch selbstverständlich war – von den Rechenmachern, Stuhlmachern, Drechslern und Wagnern, den Zimmerleuten, Schreinern und den Bauern, die einen Axtstiel oder ein Gatter brauchten.

Bei den bäuerlichen Nachbarn hier im Mugello sah ich andere Stühle als bei dem Mann in der Nähe von Pisa. Die Stuhlbeine hatten einen rechteckig-geschwungenen Querschnitt, die Streben waren flache Hölzer, alles Edelkastanie.

»Mein Großvater konnte in den Wald gehen, nur mit einem *Pennato,* am Abend kam er mit einem solchen Stuhl zurück!« Ich vermutet, dass der *Nonno* auch noch ein Stecheisen und einen Hammer mitnahm. Mehr Werkzeuge benötigte er für das formschöne, unverwüstliche Sitzmöbel nicht.

Wer mit grünem Holz arbeitet, kann auf teure und gefährliche Maschinenwerkzeuge verzichten. Ziehmesser, Axt, Handbohrer und Stecheisen reichen aus. In seinem Text über *Green Woodwork* liefert Abbott Bauanleitungen für die pedalgetriebene Drechselmaschine, welche die Kraft eines elastischen Astes nutzt. In England und den USA gibt es Kurse, in denen Teilnehmer lernen, mithilfe einfacher Werkzeuge die alten Windsor-Stühle wiederherzustellen, die bis ins vergangene Jahrhundert von den *Chair Bodgers* gefertigt wurden – reisenden Handwerkern, die einem Bauern ein Stück Buchenwald abkauften, ihre von einem federnden Ast getriebenen Drechselbänke bauten und die gekauften Bäume in Stühle verwandelten, die heute gesuchte Antiquitäten sind.

Meine Stühle im Steinhaus sind sehr viel schlichter konstruiert als die edlen Windsor-Stühle, aber das Prinzip ist das Gleiche. Die Säge wird durch Axt, Spalteisen, Ziehmesser und Drechselbank ersetzt. So wurde die Grünholz-Werkstatt auch der Ort, an dem ich die zerfressenen Binsensitze durch halbe Kastanienstämmchen ersetzte. Ein frisch gefälltes, schenkeldickes Stämmchen lässt sich ohne Mühe in Hälften zerlegen, die eine gerade Oberfläche ergeben, wenn die Auflagefläche durch einen eingesägten und ausgestemmten Schlitz in dem runden Rücken an die Streben der Stühle angepasst wird.

Das frische Holz duftet nach Rotwein. Es enthält Tannin, das aus Fässern in den Wein übergeht. Für den Holzarbeiter ist das Tannin weniger erfreulich: Die Gerbsäure greift seine Werkzeuge an. Stahlschneiden verfärben sich blau und rosten, wenn man sich die Mühe sparen will, sie nach Gebrauch zu säubern und einzufetten.

So habe ich die alten Sitze abgerupft und verbrannt und neue aus gespaltenen und gekerbten Kastanienstämmchen eingepasst, die Oberflächen mit dem Ziehmesser geglättet und die Stühle mit ihrer jetzt wieder festen, ebenen und zu einer pofreundlichen Mulde geformten Sitzfläche an den Esstisch zurückgestellt.

Der Stuhl am Schreibtisch.

Aber damit war die Sache noch nicht gut. Bisher hatten die Stühle nie gewackelt. Das taten sie jetzt. Helle Streifen an den Enden der Streben zeigten, dass sich das Gestell lockerte. Ich hatte übersehen, dass die geflochtene Sitzfläche wie ein straffer Verband die Stühle in der Mitte zusammengehalten hatte – je schwerer das Gewicht, das auf ihr lastete, desto fester wurden die Streben zusammengezogen. Durch die neue Sitzfläche aus den halbierten und gekerbten Kastanienriegeln war dieser Zug verloren gegangen.

Aber wie sollte ich ihn wiederherstellen? Ich knotete eine Seilschlinge und zog sie über jeweils zwei Stuhlbeine. Noch war die Schlinge locker; sie wäre zu Boden gerutscht, hätte ich sie nicht am Platz gehalten. Aber sie ließ sich auf einem Weg verkürzen, den ich an der Spannsäge meines Großvaters beobachtet hatte.

Sitzflächen.

Bei ihr hielten zwei kurze Hölzer das Sägeblatt. Sie waren an einer Strebe befestigt, die genauso lang war wie das Blatt. Das Sägeblatt wurde durch eine Schnur gespannt, die beide Enden der Sägehalterung gegen den Hebelpunkt ihrer beweglichen Verankerung an der Mittelstrebe zusammenzog: eine Schnurschlinge, die durch Kerben am gegenüberliegenden Ende lief und durch ein

Holz verdrillt wurde. War die Säge gespannt, zog man das Spannholz ein wenig heraus. Das längere Ende fand Halt an der Mittelstrebe. Das Sägeblatt war gebrauchsfertig und ließ sich durch ein paar neue Umdrehungen stärker spannen, falls die Schnur nachgegeben hatte.

Ähnlich drehte ich das Stück Holz, mit dem ich die Stuhlbeine durch die Seilschlinge zusammenspannte, so lange, bis die Streben wieder vollständig festsaßen. Dann zog ich es so weit heraus, dass es an einer Strebe Halt fand und die erreichte Spannung hielt. Jetzt waren die Stühle wieder fest. Bald würde die Patina der Sitzfläche dem matten Glanz des Gestells entsprechen.

AUF DEM HOLZWEG

In Norwegen gehören schindelverkleidete Kirchen aus Holz zu den Sehenswürdigkeiten. Manche stehen seit dem Mittelalter am selben Platz. So verwundert es, über die 1971 eingeweihte Kirche in Breitbrunn am Ammersee zu erfahren, dass ihr von Holzbalken getragenes Dach einsturzgefährdet ist. Die Kirche wurde gesperrt, vielleicht wird sie abgerissen, eine Sanierung wäre sehr teuer. Schuld an der Misere ist der Leim, und der Geist der Konsumgesellschaft war hier wieder einmal mächtiger als der heilige Geist, dem die Kirche geweiht ist.

Es ist so ein verflucht praktischer Gedanke, nicht mehr aus dem natürlich gewachsenen Langholz zu zimmern, sondern maschinell aus kurzen Stücken mithilfe von Säge-, Fräse- und Hobelmaschinerie dicke Balken herbeizuzaubern, die nur dem genauen Blick verraten, dass sie zusammengepappt sind.

Früher nutzten die Zimmerleute die sprichwörtlich *angestammte* Beschaffenheit ihres Materials, so gut es nur ging. An den Ufern der großen Ströme versorgten Flößer die Baumeister und Schreiner mit Stämmen und Brettern. Gewachsenes Holz hält bei einfacher Pflege viele Jahrhunderte.

Heute kommt Bauholz nicht aus dem Wald oder vom Lagerplatz des Holzhändlers, sondern aus der Fabrik. Kurze Stücke, die sich von den »Holzvollerntern« aus dem Wald holen und einfach auf dem LKW transportieren lassen, werden maschinell zugerichtet und geleimt. Dazu heißt es, dass die geklebten Balken genauso belastbar sind wie das in hohen Bäumen heranwachsende Holz aus den Wäldern.

Der Ingenieur findet das praktisch, der Bauherr versteht nichts von der Sache, die Baubehörde ist auf der Seite der Ingenieure und der Fabriken. Alle glauben an den Fortschritt, bis – wie 2006 in Bad Reichenhall geschehen – eine Eissporthalle mit einem Dach aus geleimtem Holz einstürzt und 15 Menschen unter den Trümmern ums Leben kommen.

Auch in Breitbrunn waren die Träger der Dachkonstrution verklebt. Inzwischen ist klar geworden, dass ein Dach, das sich bald durch Sonnenstrahlen aufheizt, bald dem Kondenswasser ausgesetzt ist, dem Leim im Lauf der Zeit seine Kraft raubt. In Bad Reichenhall wurde nach dem Unglücksfall über viele Jahre hinweg prozessiert; am Ende gab es eine Bewährungsstrafe für einen identifizierten Sündenbock. In den Berichten steht dann nur zu lesen, es sei der falsche Leim gewesen, nicht ein Holzweg in der Holzindustrie.

Die Geschichte über das Leimholz ist ein Lehrstück über die Bereitschaft, die Gefahren industrieller Neuerungen nicht den Profiteuren, sondern den Nutzern aufzubürden. Wer dem Versprechen vertraut hat, muss umständlich nachweisen, dass es nicht seine Schuld ist, wenn etwas schiefgeht. Selbst wenn ihm das gelingt, wird nicht das Handwerk wieder in seine Rechte gegen die Fabrik eingesetzt. Alle reden von dem falschen Leim und dem Versagen einer ordentlichen Leimkontrolle, keiner davon, dass mit gewachsenem Holz und ordentlicher Handwerksarbeit ein solches Unglück nicht passieren kann und die Gebäude von den Ausdünstungen der Chemie verschont bleiben.

Denn das ist der zweite Skandal hinter dem ersten: Die Holzindustrie arbeitet überall mit Leimen, Lösungsmitteln, Fungiziden und Pestiziden, welche die Nutzer bis heute belasten. Eine Holzverwertung, die Umwelt und Gesundheit schonte, ist durch eine ebenso unzuverlässige wie latent toxische Kommerzialisierung abgelöst worden.

Was ist der Leim, der verspricht, uns eine bessere Welt zu kleben, und sich dann auflöst, bis uns die Decke auf den Kopf fällt? Eines können wir mit großer Sicherheit vorhersagen: Wenn das Gebäude einstürzt, will es keiner gewesen sein.

Kapitel 11

DIE RECYCLINGLÜGE

Wer den Umgang einer von Wirtschaftsinteressen gesteuerten Politik mit Umweltfragen beobachtet, verliert den Glauben an das durchdachte und ethisch orientierte Funktionieren der Wirtschaft. Es wird gelogen und geschwindelt, um weiter tun zu können, was die Umwelt ruiniert und uns die Zukunft raubt.[25]

Als ich 1972 den *Homo consumens* schrieb, gab es bereits ein Beispiel für dieses Manöver. Ein US-amerikanischer Konzern, dessen Papierfabriken wegen der Verschmutzung der Flüsse in Misskredit geraten waren, zahlte viel Geld für eine Anzeigenkampagne, in der er die eigenen Bemühungen um eine saubere Umwelt pries. In den Anzeigen sah man einen idyllischen Fluss, der – so der Text – dank der Bemühungen des Papierfabrikanten immer noch klar fließe.

Das Foto war *oberhalb* der Stelle aufgenommen, an der die Papierfabrik ihre Abwässer einleitete.

Das Beispiel fiel mir wieder ein, als 2018 auf einer Tagung Kathrin Hartmann berichtete, wie sie um die halbe Welt gereist war, um nachzuprüfen, wie viel an den Lippenbekenntnissen von Konzernen wie Unilever zu einem sanften, die Umwelt schonenden, mit der indigenen Bevölkerung im Einklang arbeitenden Vorgehen wahr sei. Sie fand riesige Plantagen für Palmöl – und nichts von der versprochenen ökologischen Haltung. Ihre Wut war greifbar, als sie vom Elend der einheimischen Bauern sprach, die gegen die Landnahme der Großkonzerne keine Chance haben.

Verwunderlich ist das nicht, wenn wir uns daran erinnern, wie halbstaatliche Konzerne in unserem eigenen Land lügen und betrügen, um ihre Produkte an den Käufer zu bringen. Seit den 1960er-Jahren ist bewiesen, dass die Gefahren durch die Industriegesellschaft globale Gefahren sind. Die Muttermilch von Eskimofrauen ist nach medizinischen Kriterien nicht für den Verzehr geeignet; sie essen einfach zu viel Robbenspeck und Fisch. Am Ende der Nahrungsketten reichern sich winzige Mengen von DDT, Quecksilber, Kunststoffweichmachern zu gefährlichen Größen an.

Die Gesellschaft dürfte von Anfang an nicht dulden, dass Gifte in die natürlichen Kreisläufe eingeschleust werden. Wer dagegen verstößt, sollte verpflichtet werden, die Belasteten zu entschädigen – und es in Zukunft sein lassen. Stattdessen wandert der Profit aus der Umweltvergiftung auf die Konten der Aktionäre. Den Schaden tragen alle und besonders die Armen.

Manches ist viel zu spät verboten worden, wie Quecksilber in den Abwässern der Papierfabriken, DDT oder die Weichmacher im Plastik – ohne jede Chance, wieder zu entfernen, was bereits in den Weltmeeren schwimmt. Das Gleiche gilt aber auch für das globale Ex-und-hopp. Es entlässt die Produzenten, kaum haben sie ein Produkt verkauft, aus der Verantwortung.

»Wir setzen uns wissentlich, erst langsam, später ruckartig, den größten Katastrophen des Planeten aus und sorgen durch Nicht-Handeln dafür, dass die Disruptionen des ökologischen Kollapses unser Leben weit mehr einschränken werden, als das jegliche Umweltauflage vermag.« So Luisa Neubauer in der *Zeit* (20/2019). Neubauer ist eine der Sprecherinnen von *Fridays for Future* – und auch sie muss gegen die Lügen kämpfen, dass die Demonstrationen doch unsinnig seien, weil Politik und Wirtschaft längst energisch das Richtige täten. Ihre Fragen sind ebenso legitim wie unbequem: »Woher kommt diese Selbstverständlichkeit, dass es okay sei, dem Planeten und der Umwelt wissentlich so massiv zu schaden? Mit welchem Recht dürfen Naturkatastrophen wie die Überschwemmungen in Mosambik provoziert werden? Wieso dürfen Politiker und Industrien die Freiheiten der heutigen und vor allem der zukünftigen Generationen derart bedrohen?«

RÜCKSTÄNDIGE UMWELTDEBATTEN

Oft lesen wir inzwischen von Menschen, die sich bemühen, »etwas für die Umwelt zu tun«. Sie überlegen sich genau, ob sie ein Auto benutzen, verzichten auf Flugreisen, essen kein Fleisch, reparieren lieber, als wegzuwerfen und neu zu kaufen. Manche improvisieren, andere haben durchdacht, wie sie ihren ökologischen Fußabdruck klein halten können.

Dann werden diese Menschen in Talkshows eingeladen. Sie stellen vor, wie sie leben. Sie sind mit dem Zug angereist oder mit dem Fahrrad gekommen und beantworten brav alle Fragen, ohne zu klagen, was für ein gigantischer Energiefresser so ein Fernsehstudio ist.

Ein Talkmaster, der ehrerbietig ist oder wenigstens so tut, erkundigt sich nach dem einfachen Leben. Daneben sitzen Vertreter der Industrie und des Wachstums. Sie verharmlosen nach Kräften, durchaus mithilfe derselben Rechnungen. Beispielsweise sagt ein Vertreter der Verpackungsindustrie, dass der Jahresverbrauch an Plastiktüten pro Konsument die Umwelt nicht mehr belastet als 20 Kilometer Autofahren.

Solche Debatten zeigen, wie rückständig unsere Umweltdebatten sind. Das Unrechtsbewusstsein angesichts der schrägsten Erklärungen ist so gering, dass alle erdenklichen Ausreden salonfähig bleiben. Man muss sich einmal vorstellen, in einer Talkshow behauptet ein Befürworter des Ladendiebstahls, Steuerhinterziehung richte weit mehr Schaden an; ein anderer ergänzt, Mord sei noch viel schlimmer!

Die Suche nach dem richtigen Leben im falschen hat schon Adorno beschäftigt. Er hat daran gezweifelt, ob sie ihr Ziel finden könne. Wer sich dann zurücklehnt, gar nichts unternimmt und seine überlegene Einsicht erkennen lässt, indem er sich über gutwillige Aktive lustig macht, geht mit dem Problem noch kläglicher um.

In der Hippie-Bewegung wurden die indianischen Kulturen idealisiert, unter anderem deshalb, weil sie kein persönliches Eigentum an Grund und Boden kennen. Jagdgründe gehören allen, sie werden gemeinsam genutzt. Garrett Hardin, ein Mikrobiologe, sprach 1968 auf einer Konferenz in Kalifornien über *The Tragedy of the Commons*. Sein Artikel wurde kurz darauf in der Zeitschrift *Science* veröffentlicht; er ist berühmt geworden und steht heute im Internet.

Commons ist mit dem deutschen Wort *Allmende* schön, aber leider ungenau übersetzt. Die Allmende war ursprünglich ein von allen Berechtigten einer Gemeinde genutztes Gebiet, eine Weide, ein Wald.

Die Tragik des Anthropozäns illustriert Hardin durch ein Beispiel aus der Hirtenkultur. Wenn nomadische Stämme ein Stück Land durchstreifen und es gemeinsam nutzen, wird eine Zeit lang jeder Hirte sein Auskommen haben. Das raue Leben und die eine oder andere Stammesfehde dezimieren Mensch und Vieh. Wenn aber zum Beispiel die Fürsorge einer Kolonialmacht das Land befriedet, wird es gefährlich für alle. Irgendwann ist ein Punkt erreicht, wo jedes zusätzliche Tier durch Überweiden den Gesamtertrag der Weidefläche reduziert.

Es gibt eine Entnahme, welche die Vermehrung anregt. Auf einer gepflegten Weide entsteht mehr Biomasse als auf einer sich selbst überlassenen Steppe. Wenn aber die Vegetation überweidet wird, bricht das Ökosystem zusammen. Wer Rücksicht auf diese Gefahr nimmt und seinen Viehbestand beschränkt, ist auf das entsprechende Verhalten der anderen Hirten angewiesen. Er zieht den Kürzeren, wenn ein maßloser Konkurrent kurzfristig mehr Vieh ansammeln konnte, ehe die Weidegründe für alle nichts mehr hergeben.

Noch dramatischer ist die Lage beim Fischfang. Sobald das Meer überfischt ist, schwindet der Ertrag dramatisch. Wer an den Küsten des Schwarzen Meeres reist, findet überall die Spuren einer solchen Katastrophe. An den Häfen liegen Fangboote auf dem Trockenen und rosten vor sich hin.

Durch den mit staatlichen Mitteln geförderten Fischfang kippte die Ressource, die großen Boote lohnten nicht mehr. Als ich 2011 die türkische Küste entlangfuhr, sah ich neben den Häfen zu Dutzenden stillgelegte Fangschiffe, auf dem Meer kleine Boote, wohl von Pensionisten bemannt, die nicht von ihrem Fang leben müssen.

Als 2009 Elinor Ostrom den Nobelpreis für Wirtschaftswissenschaften erhielt, wurde eine Frau geehrt, die seit Jahrzehnten dafür kämpfte, die überall auf der Welt funktionierenden Allmenden zu erforschen und aus ihnen zu lernen, wie wir die drohenden ökologischen und ökonomischen Katastrophen abwenden können.

Gegen Hardin lässt sich einwenden, dass er nicht erklären kann, weshalb in so vielen Gebieten der Welt so lange die Allmenden gut funktioniert haben. Seine Argumentation projiziert die scheinbare Alternativlosigkeit der kapitalistischen Logik in Gesellschaften, die einer anderen Logik folgen. Wenn die Menschen in einem bestimmten Gebiet eine Tradition aufgebaut haben, die in ihrer Bindung an ihre natürliche Umwelt wurzelt und deren Erhalt an oberste Stelle setzt, werden sie die Allmende, die Fisch- oder Jagdgründe erhalten. Hardins Bild der unausweichlichen Tragödie entspricht dem Erleben des gebildeten, aber angesichts des Kapitalismus resignierten Naturwissenschaftlers. Seine Hirten und Fischer verhalten sich wie die dem Kapital unterworfenen Charaktermasken bei Karl Marx, von denen jede nur an Gewinnmaximierung denken darf, weil ein anderer Kapitalist sie sonst aus dem Rennen wirft. Aber Hirten, Bauern und Fischer in Stammeskulturen sind nicht so – und moderne Wirtschaftsleute müssen ebenfalls nicht so sein. Dafür hat sich Elinor Ostrom als erste Wirtschaftswissenschaftlerin systematisch interessiert. Sie diskutiert Modelle, die dem Therapeuten vertraut sind.

Moralisten entwerten spielerisches, ungeregeltes Verhalten als kindisch. Sie stellen ihm das Verhalten eines Erwachsenen gegenüber, der sich Gesetze gibt und diese von der Justiz überwachen lässt. Dieses Modell bestimmt die Politik in den meisten zivilisierten Staaten. Der Markt und das Privateigentum stehen auf der einen Seite, die staatlichen Gewaltmonopole auf der anderen Seite. Wo das Privateigentum nicht funktioniert, muss der Staat oder eine Organisation von Staaten wie die UNO eingreifen. Elinor Ostrom nennt dieses Modell ärmlich.

Es ist möglich, Menschen für radikale Lösungen zu *begeistern* und so der aktuellen Umweltmisere und den finsteren Prognosen etwas entgegenzusetzen. Radikal heißt: an der Wurzel ansetzen, die in diesem Fall Verschwendung zum Beginn der Produktion und Gleichgültigkeit gegenüber dem künftigen Schicksal des einmal Produzierten ist. Es geht darum, dass möglichst alle Menschen zur ganzen Erde die gleiche emotionale Bindung entwickeln, wie sie das gegenwärtig zu ihrer Laube, ihrem Hausgarten, ihrem Gehöft tun.

Es sollte selbstverständlich werden, dass die Gesellschaft keinen Produzenten aus der Verantwortung für das Produzierte entlässt. Darin liegt das Erbübel der Geldwirtschaft, das im Kapitalismus auf die Spitze getrieben wird: Dem Geld ist es egal, ob es sich unter Rücksicht auf die Umwelt oder durch absolute Rücksichtslosigkeit vermehrt. Und seit Geld global funktioniert, kann jede Person die Illusion pflegen, sie könnte mit Umweltzerstörung Geld verdienen, sich selbst aber in eine unzerstörte Umwelt retten. Deshalb wecken mittelalterliche Städte und von Traditionen geprägte Landschaften so »romantische« Gefühle: Hier sitzt jeder Produzent mit Leib und Leben dort, wo er arbeitet und Geld verdient, während der Geschäftsmann im 19. Stockwerk der Metropole es keine Stunde an dem Ort aushalten würde, in den er »investiert« hat, wie ein Kohlebergwerk, eine Palmölplantage oder eine Fabrik in Ghana, in der Elektronikschrott »verwertet« wird (das Wort verdient einen eigenen Essay).

So ist die Konsumwirtschaft voller Absurditäten. Es ist ja nicht nur eine böse Sache, dass Unternehmer und Politiker die von ihnen beschädigten Orte so verantwortungslos verlassen dürfen. Sie dürfen auch Gift und Müll zurücklassen. Wer sich beispielsweise damit plagt, verwertbare Stoffe aus Elektronikschrott herauszuholen, weiß kaum je, wie dieser zusammengesetzt ist. Denn während der Produktion hat sich keiner der hoch qualifizierten und hoch bezahlten Ingenieure um eine Frage gekümmert, die doch sehr naheliegend ist: Wie findet dieses Ding, wenn es nicht mehr gebraucht wird, einen Weg zurück?[26]

Wenn jeder Fabrikant seine Dinge zurücknehmen müsste, würde er zwangsläufig ein viel höheres Interesse daran haben, sie sowohl langlebig wie reparaturoffen und zerlegbar zu konstruieren. Die Müllverwerter fordern schon lange und bisher vergeblich vom Staat, Vorschriften zu erlassen, die ihnen ihre Arbeit möglich machen.

Gegenwärtig lässt sich das Recycling von Elektronikschrott nur durch Hungerlöhne wirtschaftlich organisieren. Berge von diesem Gemisch aus Plastik, Stahl, Kupfer, Silber, Gold und seltenen Metallen werden in sogenannte Entwicklungsländer verfrachtet, in denen Löhne billig sind und die Vergiftung der Umwelt wenig kontrolliert wird. Selbst bei uns, wo Mülltrennung im Alltag etabliert ist, wird nicht einmal die Hälfte des Elektronikschrotts sachgemäß entsorgt und landet im richtigen Container.

Die meisten Bestandteile können heute *nicht* wiedergewonnen werden. Seltene Erden und Coltan spielen im Recycling keine Rolle; Tantal, das knapp zu werden droht, könnte nur dann gewonnen werden, wenn man gleichzeitig darauf verzichtet, das Silber zurückzuholen. Die gängige Methode des Recyclings entspricht ganz und gar nicht der Komplexizität des Mülls.[27] Gegenwärtig lohnt sich nur die Rückgewinnung weniger Bestandteile, vor allem Kupfer, Silber und Gold.

Eine Tonne Smartphones enthält zwischen 250 und 400 Gramm Gold, das ist mehr als die meisten Golderze, die verhüttet werden, aber doch auch so wenig, dass jedes Handy im Elektronikmüll nicht mehr als einen Euro für das Gold einbringt. Im Schmelzofen verdampfen Kunststoffe, Metalle werden in Platten oder Barren gegossen und weiterverarbeitet; Kupfer lässt sich durch Elektrolyse in chemisch reiner Form herausholen.

Die Menge des anfallenden Elektronikschrottes belegt die Unterschiede zwischen Konsumgesellschaften und Subsistenzwirtschaften: In Äthiopien fallen pro Einwohner jährlich 500 Gramm Elektronikschrott an, in Deutschland 22,8 Kilo.

Greta Taubert, die für die *Zeit* über Umweltfragen recherchiert, ist den Recyclinglügen der Verpackungsindustrie nachgegangen, provoziert durch ein Werbevideo über Käse. Da liegen vier Scheiben mit einer dekorativen Feige auf einem Teller, dazu eine warme Frauenstimme: Für die Verpackung seien 30 Prozent recyceltes Plastik verwendet worden, ferner habe man 23 Prozent weniger Kunststoff eingesetzt und das Ganze komplett recyclierbar gemacht.

Dazu Taubert: »Das ist Unsinn! Großer Käse! Mit Plastikschalen ist die Umwelt nicht zu retten. Käseverpackungen sind ganz im Gegenteil der vielgestaltigste Wahnsinn, den die Verpackungsindustrie je ersonnen hat.« Die große Lüge in solchen Reklamen setzt den guten Vorsatz für die Tat, das Versprechen für den Vollzug.

Taubert betreut für die Berliner Stadtreinigung ein Recycling-Magazin. Sie hat verfolgt, was genau mit dem Plastikmüll aus den Wertstofftonnen passiert, einen Müllmann begleitet, Gelbe Säcke eingesammelt und beobachtet, wie die Plastikberge nach Kunststoffsorten getrennt werden. Auf kilometerlangen Förderbändern rast der Abfall an Scannern und Trennern vorbei. Viel zu wenig ist »sortenrein«. Der Camembert steckt in einer Holzschachtel, die mit Aluminiumnadeln zusammengetackert ist – Restmüll, weil sich die Materialien nicht trennen lassen. Ebenso das Töpfchen mit Aluminiumdeckel. Der rote Paraffinüberzug mit dem Abziehstreifen ist Restmüll, wenn der Nutzer ihn nicht schon zu Hause zu den Wachsresten tut, aus denen sich Kerzen basteln lassen.

Taubert zitiert aus einer Studie des Umweltbundesamtes von 2017: »Oftmals scheitert ein recyclinggerechtes Design [...] am fehlenden oder nicht ausreichenden Wissen der Verpackungsbranche z. B. über vorhandene Recyclingwege, über Schwierigkeiten und Anforderungen im Rahmen der Sortierung und des Recyclings oder insbesondere über Modifikationsmöglichkeiten der Verpackungsgestaltung, die ein verbessertes Recycling ermöglichen.«[28]

Die Produktionshand weiß also nicht, was die Recyclinghand bräuchte – aber die Lüge vom garantiert 100-prozentigen Recycling geht flott über die Lippen. Auch das 2019 in Kraft getretene deutsche Verpackungsgesetz ignoriert die Verantwortung der Hersteller. Ohne unrentablen Aufwand können Kunststoffverpackungen nur zu immer minderwertigeren Produkten verarbeitet werden, wie zu Müllsäcken.

Die Politik zuckt vor wesentlichen Schritten zurück. Gesetze, die der Industrie dienen, kommen schnell, auch wenn ihr Nutzen (wie zum Beispiel bei der Gesundheitskarte und ihren Lesegeräten in den Arztpraxen) höchst umstritten ist. Ein wirksames Gesetz gegen Verpackungsmüll gibt es bis heute nicht; das Umweltbundesamt legt den Verbrauchern nahe, sich mehr zu bemühen.

Nur in ein paar Großstädten gibt es ausdrücklich plastikfreie Einkaufmöglichkeiten. Wenn sie erst einmal aufblühen, weil die Verpackungsindustrie ihren Plastikmüll nicht mehr den Käufern aufhalsen kann, beginnen für den Bastler wundervolle Zeiten. Er kann seine Fantasie spielen lassen, wo er dauerhafte, leicht zu säubernde und formschöne Gefäße findet, in denen er seine Einkäufe bergen und zu Hause unterbringen kann. Alte Einmachgläser oder Apothekengefäße kommen wieder zu Ehren; Holz, Steinzeug und verzinntes Kupfer bieten Alternativen zu rostfreiem Stahl. Kiefer-, Lärchen- und Eichenbehälter wirken antibakteriell, Plastik nicht.

Die Plastiktüte und der Einmalbecher für den mobilen Kaffee sind die verkörperte Gedankenlosigkeit. Es wird Zeit kosten, sich von der falschen Bequemlichkeit der Einmalverpackungen zu befreien. Aber der vorausschauende Umgang mit stabil und schön verpackten Einkäufen bietet eine ganz andere Befriedigung als Gitterwagen und Förderband beim Discounter.

Kapitel 12

KUNSTVOLLE SPARSAMKEIT

Kunst ist hierzulande ein sehr idealisierter Begriff, eine Art siebter Himmel, erhaben über so triviale Dinge wie Ökonomie, Ökologie und Handwerk. Wer jemanden, der an sich selbst als Künstler glaubt, so recht beleidigen will, muss nur konstatieren, es sei Kunsthandwerk, was er da mache!

In Italien, wo das Steinhaus steht, kann *Arte* mit Kunst, Handwerk und Gilde oder Zunft übersetzt werden, je nach Kontext. Die *Arti* waren ein wichtiger Machtfaktor in den mittelalterlichen Städten. Im Rat von Florenz saßen neben den Gilden der Maler und Bildhauer gleichberechtigt die Wollweber und die Schuster. Jeder Meister eines Fachs respektierte die anderen – mehr oder weniger. Märchen wie das vom tapferen Schneiderlein belegen das spöttische Verhältnis zwischen den Zünften.

Die beste Reparatur ist eine, die durch sorgfältigen, pfleglichen Umgang *nicht* anfällt. Wer von Anfang an über die Grenzen der Belastbarkeit der Dinge und Lebewesen in seiner Umgebung nachdenkt, sieht eine Störung nicht nur als Anlass zu einer Reparatur, sondern als Aufforderung, sich über vorbeugende Pflege und Rücksichtnahme kundig zu machen.

DIE FREUDE AN LANGSAMEN LÖSUNGEN

Die Konsumgesellschaft ist voller Versprechen, uns für wenig Geld alles Lästige abzunehmen. Ich gehe schnell mal einkaufen, habe außer meiner Scheckkarte nichts in der engen Jeans, lege mit bestem Umweltgewissen - kein Plastik! - eine Papiertasche auf das Kassenband und wandere nach Hause; der Einkauf kommt in den Kühlschrank, die Tasche in den Müll. Oder der Kaffee im Plastikbecher - warum sich mit einem mitgebrachten Becher beschweren?

Pflegliche Lösungen sind langsamer. Statt der Tüte kann ich im Supermarkt einen leeren Karton greifen, der sowieso in den Müll wandern wird und jetzt noch einmal nützlich ist. Oder ich nehme grundsätzlich, sobald ich das Haus verlasse, ein Einkaufsnetz mit.

Diese Kleinigkeiten können uns für eine Haltungsveränderung durch die Konsumgesellschaft sensibilisieren: sie fördert *schnelle* und *primitive* Reaktionen. Die Kreditkartenindustrie prägte den Spruch *Jetzt kaufen, später zahlen* und in ihm eine Tendenz, die sich unschwer zu *nach uns die Sintflut* weiterführen lässt: jetzt den Wunsch erfüllen, um die Kosten kümmern wir uns irgendwann. Ein zweiter Slogan, den die Opfer betrieblicher Umstrukturierungen oft hören: *Es fressen nicht die Guten die Schlechten, sondern die Schnellen die Langsamen!*

In unserer Psyche werden primitive Impulse wie Gier, Wut und Angst *schnell* ausgelöst; Einfühlung, Rücksichtnahme, Einsicht und perspektivische Aufmerksamkeit benötigen mehr Zeit. Die digitale Kommunikation wirkt wie Kunstdünger auf die schnellen Affekte und reduziert die Empathie. Wer die schrillen Mails liest, die Texte im Internet kommentieren, beobachtet die Freisetzung primitiver Affekte und schneller Urteile. In Talkshows dient das Gehör nicht der differenzierten Aufnahme von anderen Ansichten. Diskutanten warten am Ufer der Rede wie Passanten, die eine Straße überqueren wollen: Wann ist diese Aussage endlich vorbei, und ich komme zum Zug!

Ein Bücherregal im Steinhaus aus Ziegeln und den Dauben der Kelter. An der Tür ist der Riegel (Lucchetta) *gut sichtbar, ebenso eine alte Reparatur. Die Holzgegenstände hat der Autor geschnitzt; der Metallbehälter mit dem Holzdeckel diente ursprünglich der Sterilisation von medizinischen Instrumenten.*

Der Dichter Hermann Hesse, der in seinem langen Leben viele Kränkungen verarbeiten musste, hat in seiner Novelle über Siddhartha die Macht beschrieben, die ein Mensch dadurch gewinnt, dass er still sitzen kann. Das Motiv taucht in der Geschichte öfter auf und spiegelt sich in dem Rat des weisen Fährmanns, der lehrt, auf den Fluss zu hören. Dieser Verzicht auf Lösungen begleitet die Geschichte der Lebensphilosophie, angefangen von Sokrates *(Ich weiß, dass ich nichts weiß)* bis zum Containment, der Bereitschaft des Therapeuten, angesichts großer Aufregung und Unsicherheit seiner Klienten aufnahmefähig, aber auch untätig zu bleiben und es den Affekten zu erlauben, unbewertet Gestalt anzunehmen, Macht zu haben – und sie wieder zu verlieren.

In der Konsumgesellschaft prägt die Suche nach einer Echokammer für eigene Kränkungen zunehmend die öffentliche Meinung. Sie schafft neue Berufe wie den Mobbingberater. *Die Welt ist es dir schuldig, dass dir nichts wehtut,* lautet ihr Sirenengesang, der uns am Ende ungeübt jenen Schmerzen und Ängsten ausliefert, gegen die es kein Mittel gibt.

Manche wehren sich gegen diese Verweichlichung und trainieren verbissen Sportarten, die am gegenüberliegenden Pol angesiedelt sind, etwa den Wettbewerb Iron Man, der drei Überforderungen der durchschnittlichen Belastbarkeit gesunder Menschen aufeinandertürmt. Aber die Sportler, die für einen Rekord trainieren, üben den Verzicht auf schnelle Bequemlichkeit nicht spielerisch und freudvoll. Sie zwingen sich dazu, weil sie auf einen zählbaren Erfolg hoffen, und sei es nur der narzisstische Triumph, besser zu sein als andere.

Die Kunst der Reparatur hat eine andere Qualität. Es geht nicht um Höchstleistungen und Rivalität, sondern um die Freude am Tun ohne ein Schielen nach Beifall. An die Stelle der antrainierten Gedankenlosigkeit gegenüber der Verschwendung tritt das Interesse an der Aufgabe, mit möglichst wenig Aufwand möglichst viele gute Gefühle zu produzieren.

Die zu narzisstischen Blähungen führende Idealisierung der »reinen«, nur sich selbst dienenden Kunst führt neben großen Leistungen auch zu Verschwendung und menschlichem Unglück. Sie ist verantwortlich für Berge von »Kunstwerken«, die in Lagerräumen, Ateliers und Kellern Staub auf sich sammeln.

Als noch nicht vom Genie geschwärmt wurde, hatte der Künstler-Handwerker Auftraggeber, mit denen er sich auseinandersetzen musste. Das war lästig und gab Anlass zu Streit, aber es band den Künstler auf eine Weise an die Gesellschaft, die der moderne Kunstbetrieb nicht leisten kann. Heute gelingt es den wenigsten, die sich als Künstler erleben möchten, jenen Zustand zu erreichen, der ein »Ja« auf die Frage gestattet: Können Sie von Ihrer Kunst leben?

Während der reine Künstler sich mit Mythen wie jenem des Vincent van Gogh tröstet, freut sich der Reparateur über Kleinigkeiten, über ein wenig Geschick und Kreativität, Freude für sich oder für den, der sonst in den Genuss der Reparatur kommt. Aus einem anonymen wird ein charakteristisches Produkt, aus der tausendfach produzierten Teeschale eine, die der reparierte Sprung zu einer ganz persönlichen macht. Die Reparatur verleiht dem alten Fahrrad neuen Pepp und vertieft die Wertschätzung einer soliden Konstruktion gegenüber einem von Ingenieur Schnell und Ökonom Billig gefertigten Modell.

Der Fuß des Weinglases war zersplittert.
Ein Stück Ast und das Sperrholz einer Käseschachtel, es steht wieder.

Die Kunst der Reparatur bringt uns einer Eigenschaft näher, die wir in nicht ferner Zukunft brauchen werden, ob wir nun wollen oder nicht: der Demut. Der Mensch hat sich nicht als guter Herrscher über diesen Planeten erwiesen, sondern als Tyrann, dessen Regime der Ausbeutung und Unterdrückung zusammenbrechen muss. Wenn er nicht bereit ist, sich zu fügen, werden ihn die Folgen zugrunde richten.

Kapitel 13

FLICKEN

Ein vieldeutiges Wort, in dem noch viel an den Flicken erinnert, den vor zweihundert Jahren Flickschneider auf die Jacke nähten, die an den Ellenbogen durchgescheuert war. Es gab neben dem Flickschneider den Flickschuster und später den Reifenflicker, als die Motorfahrzeuge aufkamen. Damals lagen noch so viele Hufnägel im Straßenstaub, dass der Vater meines Schulfreunds, der schon vor dem Ersten Weltkrieg ein Auto besaß, seinen grünen Opel Frosch auf der Strecke von Landshut nach München bis zu fünfmal aufbocken und einen Schlauch flicken musste.

Flicken nähert sich dem bereits erwähnten *fix it* der US-Amerikaner. Es stellt nicht den Anspruch, dass etwas so gut ist wie zuvor. Hauptsache, es funktioniert, wie der Autoreifen, aus dem der Hufnagel gezogen und dessen Luftkammer mit einem Gummiflicken gedichtet wird. Ein geflicktes Laufrad ist repariert, aber ein repariertes ist nicht unbedingt geflickt – es kann auch sein, dass ein neuer Schlauch eingezogen wurde. Flickwerk verzichtet auf teure Perfektion.

Ich bin ohne Vater aufgewachsen, hatte aber zwei eindrucksvolle Großväter. Mein väterlicher Opa hat es vom Tagelöhner zum Kleinbauern gebracht und wahrscheinlich in seinem Leben kein Buch gelesen; mein mütterlicher Großvater, Jurist und Direktor am Landgericht Passau, besaß die größte Privatbibliothek der Stadt. Als Kind aus zwei sehr unterschiedlichen Milieus habe ich auch zwei Kleiderwelten kennengelernt, ehe sich beide in der Konsumgesellschaft auflösten.

Die Familie des Richters hatte einen Schneider, Herrn Spitzenberger, der Anzüge und Mäntel fertigte. Für Erstkommunion und Firmung bekam auch ich einen solchen Anzug auf den Leib geschneidert. Er weckte längst nicht so viel emotionales Interesse wie 1958 meine erste Bluejeans der Marke Mustang.

In der Welt der bäuerlichen Großeltern gab es das gute Gewand und die Arbeitskleidung aus Baumwollstoff, die den Alltag beherrschte. Woher das gute Gewand kam, habe ich so wenig herausgefunden, wie ich die Herkunft der Arbeitskleidung rekonstruieren kann. Jedenfalls hatte ich nie den Eindruck, dass es so etwas wie neue Kleider gab. So selten, wie er getragen wurde, konnte es sich bei dem dunklen Anzug des Deindorfer Opas um Jacke, Weste und Hose handeln, in denen er 1910 geheiratet hatte.

UMWELTVERSCHMUTZER TEXTILINDUSTRIE

Der Sprung in die Gegenwart landet mitten in der Katastrophe: Die Modeindustrie ist gleich nach der Ölindustrie der größte Umweltverschmutzer; Billigjeans für 9,80 Euro und anderer textiler Schrott sind nur möglich, weil in Bangladesch und ähnlichen Ländern Menschen ausgebeutet werden. Heute behaupten manchmal schon Schülerinnen, es sei unmöglich, ein Outfit öfter als dreimal zu tragen.

Geflickt wird gar nichts mehr. Altkleidersammelstellen rauben durch den Export in sogenannte Entwicklungsländer den Handwerkern dort das Überleben auf dem Markt. Wo früher der Aralsee leuchtete, liegen rostige Schiffskadaver in einer Steppe: Der Wasserbedarf der Baumwollplantagen hat das Binnenmeer, das so groß war wie Bayern, auf ein Zehntel seiner einstigen Fläche schrumpfen lassen.

Meine bäuerliche Großmutter nähte Kleider und flickte, was in dem kleinen Haushalt zerrissen war. Sie hatte eine Singer-Nähmaschine, die mit einem Wiegepedal betrieben wurde. Manchmal mussten die kleinen Spulen für den Unterfaden mit Nachschub versorgt werden. Dann wurde ein kleines Gummirad gegen das blitzende Schwungrad gedrückt, und das Garn wuchs rasant auf einer winzigen verchromten Spule.

Ich hätte gerne gelernt, das Wunderding zu bedienen. Aber ich war ein Junge, es war für meine Oma ebenso wie für meine Mutter undenkbar, mich zu mehr als kleinen Hilfsdiensten wie dem Einfädeln anzuleiten.

Meine Fähigkeit zur Textilreparatur ist rudimentär geblieben. Ich nähe gerne Knöpfe an, weil es Freude macht, die meist sehr schlampige Arbeit der Fabriken zu stabilisieren. Wo sich eine Naht auflöst, kann ich dagegenhalten, aber beispielsweise die Maschen eines löchrigen Pullovers aufzunehmen und ein Loch zu schließen überfordert mich ebenso wie Kunststopfen, Kragen erneuern, Reißverschluss einnähen.[29]

Während meiner Kindheit war die Lederhose – ein nostalgisches Relikt der Tracht mit Wurzeln in der Deutschtümelei der Nazis – das Alltagskleid der Buben. Sie musste Patina haben und wurde geflickt, wenn etwas kaputt war. Anfällig waren vor allem die Hosensäcke. Nur bei den edleren Modellen waren auch sie aus dem unverwüstlichen Leder gemacht. Tracht ist im Grund eine städtische Idee: Brauchtum wird gepflegt, wenn es auszusterben droht oder schon ausgestorben ist.

Der Schneidermeister Spitzenberger in Passau hat keinen Nachfolger gefunden. Als mein Großvater starb, freute sich meine Großmutter, dass ich einige seiner maßgefertigten Anzüge mitnehmen wollte. »Einen solchen Stoff findest du heute nirgends«, sagte sie. Sie passten gut, ich war damals recht angetan von dem altväterlichen Schnitt. Ich hatte erste Patienten und wollte seriöser wirken, als ich es meinen 28 Jahren zutraute.

Je länger ich mich mit Konsumverhalten beschäftige, umso weniger Freude habe ich daran, mir neue Klamotten zu kaufen. Es gibt einen Mythos vom britischen Lord, der seine Anzüge erst einmal von seinem Butler »eintragen« lässt. Neue Ware ist vulgär. Meine Abart dieses Snobismus ist ein Secondhandladen in Schwabing, der gut Erhaltenes anbietet. Ich gehe nur noch dorthin, es ist nicht nur preiswerter, sondern auch persönlicher und übersichtlicher als jedes andere Geschäft. Einige Male habe ich dort auch Jacken gefunden, die denen meines Großvaters glichen.

Viele Techniken, die einst geläufig von der Hand gingen, sind heute verloren. Verschwendungswirtschaft ist in der Mode selbstverständlich. Niemand kommt auf den Gedanken, einen Anzugsstoff zu wenden, weil er außen fadenscheinig geworden ist. So haben Schneider früher die Lebensdauer von Kleidungsstücken verdoppelt.

Etwas zu flicken erinnert an die Lebenstätigkeit schlechthin. Unser Körper besteht aus Geweben, die sich selbst reparieren. Hautzellen schilfern ab und wachsen nach, überall gehen Strukturen verloren und bilden sich neu. Es ist eine tiefgründige Frage, ob ein Kleid, das so oft geflickt wurde, dass kein Faden des ursprünglichen Materials erhalten blieb, noch dasselbe Kleid ist. Was unseren Körper angeht, dessen Zellen sich ständig erneuern, antworten wir mit großer Selbstverständlichkeit: Ja, natürlich bin ich es noch – nicht weil ich materiell derselbe bin, sondern weil ich mir mit sich erneuernden Zellen noch dieselbe Geschichte erzähle.

Die Kunst der Resteverwertung in der textilen Welt ist unerschöpflich, aber sie scheint gegenwärtig unter der Lawine an Billigmode begraben. Aus Stoffresten können schöne Dinge entstehen wie Quilts – Decken, Vorhänge, Kleider. In der »schlechten Zeit« um 1945 strickte uns meine Großmutter aus aufgeribbelten Pullovern neue mit bunten Streifen. Aber wer verstärkt heute noch Knie und Ellenbogen mit herzförmigen oder ovalen Ausschnitten aus passenden Stoffen und bekämpft so die leidige Ungleichzeitigkeit, mit der Materie auf Reibung reagiert? Wer macht Taschentücher aus Hemden, deren Kragen und Manschetten nicht mehr taugen? Und warum werfen wir löchrige Handtücher in den Müll, statt Wisch- und Waschlappen daraus zu machen?

Was frisch verpackt aus dem Regal kommt, wirkt absurderweise »sauberer« als ein Putzlappen aus Baumwolle, den wir jederzeit auskochen können, während seine Geschwister aus Kunstfasern diese hygienische Behandlung nicht vertragen und zu Bakterienschleudern werden.

Wer Wäsche und Kleidung aus Pflanzenfasern nach dem Ende ihres ersten Gebrauchszyklus säuberlich in Stücke zerlegt, braucht keine Küchenrollen und Papiertaschentücher mehr. Nebenbei oder sogar hauptsächlich gewinnt er die Freude, statt eines langweiligen Industrieprodukts etwas zur Hand zu nehmen, das eine Geschichte erzählt.

Ich erinnere mich mit Wehmut und Dankbarkeit an die viel zu früh verstorbene Sarah Kirchknopf, gute Freundin und Psychodramaleiterin. Sie hatte immer viele gebügelte Stofftaschentücher bei sich, die sie bei Tränenausbrüchen, die in Gruppenselbsterfahrungen nicht selten sind, liebevoll hinüberreichte. Das war etwas anderes als das Päckchen Papiertaschentücher oder die Küchenrolle neben der Bodenmatte, von der Teilnehmer an einer sogenannten Primär- oder Urschrei-Therapie berichten.

Es reicht nicht, die Konsumgesellschaft punktuell zu überlisten. Wir müssen sie abschaffen. Dennoch will ich auf die kleinen Schritte nicht verzichten, die uns auf dem Weg zum Unvermeidlichen bei Laune halten.

Kapitel 14

WERKZEUG AM GÜRTEL

Sicher sind Hände und Zähne die besten Werkzeuge, weil wir sie immer bei uns tragen und beispielsweise die Fingernägel auch im Industriezeitalter sehr praktisch sind, denn sie verkratzen nur ganz wenige Oberflächen. Reparaturfreudige Personen tragen etwas bei sich, was in der Medizin der berühmt-berüchtigten Panazee entspräche: dem Allheilmittel, das ebenso wie der Stein der Weisen in die Alchemie gehörte.

Die Reparatur-Panazee heißt *Multitool* und konkretisiert sich im Schweizer Messer oder im Leatherman. Das Schweizer Messer ist ein Taschenmesser, das mit Zusatzwerkzeugen wie Säge, Schraubendreher, Schere, Feile und Ahle ausgerüstet wird. Es wurde ursprünglich im Zusammenhang mit einem Infanteriegewehr entwickelt und in Solingen hergestellt. Bald übernahmen es Schweizer Fabriken. Als Swiss Army Knife trat es seinen Siegeszug bis in die Fernsehserie über den Bastlergeheimagenten MacGyver an.

Der Leatherman trägt den Namen eines US-amerikanischen Ingenieurs, der auf einer Europareise mit einem Fiat 600 eine Panne hatte und ebenso sehnsüchtig wie vergeblich nach einer Zange Ausschau hielt, mit der sich der Schaden hätte reparieren lassen. Sein 1984 entworfenes Vielfachwerkzeug ist eine Kombizange, der Messerklinge, Feile, Schraubendreher und anderes in den Griff gepackt sind. Man trägt den kompakten Leatherman in einem Lederetui am Gürtel. Zu Recht hat er sich weit über seine Anfangsliebhaber, Kameramänner und Tontechniker, hinaus ausgebreitet.

KISS *(Keep It Simple, Stupid!)* gilt auch für Multitools, die dicker und unübersichtlicher, aber beileibe nicht praktischer geworden sind. Taschenwerkzeuge sollten selbstverständlich werden wie eine dritte Hand. Wer eines kauft und in die Schublade legt, muss es jemandem schenken, der würdiger ist, denn das spontane Zusammenspiel von Reparaturidee und Reparaturaktivität kann sich nur dann entwickeln, wenn das vertraute Werkzeug sofort zur Hand ist.

Wenn zum Beispiel bei einer Radtour die Kette abspringt, muss ich gar nicht nachdenken, sondern habe gleich den Leatherman in der Hand, packe damit die Kette und ziehe sie, wohin sie gehört. Wenn es etwas Schmutziges oder Heißes festzuhalten gilt, versuche ich gar nicht erst, das mit den Fingern zu machen. Wenn in der Praxisgemeinschaft eine Kollegin an den ersten kalten Tagen klagt, dass ihre Heizung nicht funktionierte, reicht der einfachste Leatherman vollständig, um das Thermostatventil abzunehmen und den Stift zu lockern, der im Sommer festgebacken ist.

Stumpfe Klingen sind gefährlicher als scharfe. Sie werden unberechenbar, wenn man mit Gewalt einen Schneidevorgang zu Ende führen will, der mit einer scharfen Klinge längst abgeschlossen wäre. Mit dem Messer, das im durchschnittlichen Restaurant gedeckt wird, kann man nichts glatt schneiden und keinen Apfel schälen. Das eigene Messer hingegen ist nicht von vielen ungeschickten Händen malträtiert worden.

DAS ENDE DES TASCHENMESSERS

Neulich habe ich in einem Bericht über den Rockmusiker Peter Maffay eine kleine Szene gelesen, die mich angerührt hat. Sein Sohn beklagt sich beim Pizzaessen, dass das Besteck nicht schneidet. Wortlos reicht der Vater sein Taschenmesser über den Tisch. Die Klinge zieht durch das zähe Stück wie durch Butter.

Das Taschen- oder Sackmesser gehört in vielen europäischen Ländern zum Lebensgefühl. Ob es darum geht, einen Brief zu öffnen, einen Bleistift zu spitzen, einen Apfel zu schälen, ein Stück Käse abzuschneiden oder eine Flasche zu öffnen – wer ein gutes Klappmesser in der Tasche hat, wird sich und anderen weiterhelfen.

Ein Kulturerbe, aber ein bedrohtes. Die Zukunft dieses hilfreichen Dings wird zum Kollateralschaden des 2001 erklärten Krieges gegen den Terror. Wir dürfen es nicht mehr bedenkenlos frühmorgens in die Tasche stecken und herausholen, wenn die Hose in die Reinigung soll. Aus dem Taschenmesser, das seinen Träger und seine Trägerin in den öffentlichen Raum begleitet, könnte schon bald eine versteckte Waffe werden, die man ablegen muss, sobald man aus der Haustür tritt.

Das Klappmesser ist natürlich nur ein winziges Detail in der Fülle an Veränderungen, die 2001 zu einem Lehrstück über die Macht von Ängsten geworden sind. Wir mussten uns daran gewöhnen, dass jeder Fluggast so behandelt wird, als sei er fähig (und müsse daran gehindert werden), seine Nagelfeile an den Hals eines Piloten zu setzen und diesen zu zwingen, den Jet in ein Hochhaus zu lenken. Er könnte Sprengstoff in den Schuhen tragen oder aus Flüssigkeiten in seinem Kosmetikbeutel Nitroglyzerin mischen.

Angstlogik kennt kein Maß und keine Grenze. Wie wir nach dem erweiterten Selbstmord eines Piloten von German Wings erfahren mussten, genügte es der technischen Angstabwehr nicht zu verhindern, dass eine Nagelfeile oder ein Taschenmesser an Bord kommen. Zusätzlich wurde auch die Kabinentür so undurchdringlich gemacht, dass niemand zum Piloten vordringen kann.

Seit den ersten Flugzeugentführungen in den 1980er-Jahren werden Passagiere auf Waffen untersucht. Aber was eine Waffe ist, hat sich in dem Sicherheitsdenken der Experten in einer Weise neu definiert, die Paranoia als den normalen Gemütszustand im 21. Jahrhundert erscheinen lässt.

Noch in den 1990er-Jahren wurde das kleine Schweizermesser durchgewunken. Heute treffen vorwurfsvolle Blicke und Beschlagnahmen schon den Mann, der einen winzigen Schraubenzieher zum Justieren seiner Brille mit sich trägt.

Terroranschläge in Paris, Brüssel, Berlin und Nizza trafen die Flaniermeilen Europas. Hier konnten sich bisher die unterschiedlichsten Menschen unbekümmert begegnen. Keiner musste den Bogen eines Metalldetektors durchschreiten und abliefern, was er als »gefährliches« Werkzeug in der Tasche trug, wenn er einen Zug besteigen oder in einem Kaufhaus shoppen wollte.

Ein öffentlicher Raum, in dem die Passanten der Zivilisiertheit und Gesetzestreue von ihresgleichen vertrauen, stellt sich jetzt als gefährdete Ressource dar. Uns Europäern ist dieser Raum bisher so selbstverständlich, dass wir seine privilegierte Qualität kaum wahrnehmen. Aber das könnte sich schnell ändern.

Wer einen Bahnhof betritt, dem droht bald die gleiche Kontrolle wie Fluggästen. Jeder ist verdächtig, solange seine Harmlosigkeit nicht (scheinbar) bewiesen wurde. Wo einst Vertrauen war, regiert die Angst, wo jeder Bürger bis zum Beweis des kriminellen Gegenteils als vertrauenswürdig und friedlich gesinnt galt, verspricht eine hochgerüstete Überwachungsindustrie von allem Verdächtigen gesäuberte Sicherheitskonsumenten.

Das Taschenmesser wird vom Begleiter zum Risikosymbol. Wenn wir nicht gegensteuern, wird es dazu kommen, dass wir uns jeden Tag überlegen müssen, ob wir es einstecken oder nicht, weil eine Behörde, ein Einkaufszentrum, ein Museum, eine Kirche nur durch die Sicherheitsschleuse betreten werden kann.

Eine differenzierte Wachsamkeit wird schwinden, wenn Personen (und vielleicht bald schon künstliche Intelligenz) an den Scannern trainiert werden, Gegenstände zu beurteilen und nicht Menschen.

Je mehr Aufmerksamkeit wir aber auf die Menschen richten, desto mehr Menschlichkeit werden wir uns in Zeiten der Terrorabwehr bewahren, desto eher wird die Gegenwehr sehend und einfühlend sein, nicht blind und bürokratisch.

Unter dem Gesichtspunkt der paranoiden Optimierung wäre es ein Skandal, das Taschenmesser seinem Träger mit den Worten zu lassen: »Ich vertraue Ihnen!« Aber eben auch ein Beweis dafür, dass sich die Macht des Terrors begrenzen lässt.

EINE FRAGE DER HALTUNG

Die falschen Versprechungen des Perfektionismus laufen darauf hinaus, uns eine sichere Welt zu versprechen, alle Tragödien abzuschaffen, alles so lange zu regeln, bis es reibungslos läuft.

Ich kenne Perfektionismus unter Sammlern, die beispielsweise bei einer Münze »Spiegelglanz« verlangen, was bedeutet, dass sie niemals ihre Funktion erfüllt hat, von Hand zu Hand zu wandern und sich im Beutel an anderen Münzen zu reiben. Die gleiche Haltung trifft Wäsche, die schon *vor* den ersten Anzeichen von Gebrauch in die Waschmaschine soll, Geräte, die vor den ersten Ausfällen durch eine nächste Generation ersetzt werden.

Die Haltung der Reparatur widersetzt sich dem Impuls, in einem emotionalen Kurzschluss ein Ding zu ersetzen, um einem Defekt *vorzubeugen.* Sie lehrt uns, Störungen nicht zu fürchten, eine unbefriedigende Tätigkeit nicht sofort zu unterbrechen, ein Buch nicht beim ersten Zweifel wegzulegen, sich von einem kränkenden Partner nicht augenblicklich zu trennen.

Gelingendes Leben beruht auf der Verwandlung emotionaler Kurzschlüsse in Akte der Kreativität. Die Situation wird nicht durch Zerstörung des Zusammenhangs in Flucht oder Aggression beendet, sondern durch Transformation gleichzeitig erhalten und verändert, wie eben auch das reparierte Ding.

Beispiele dafür wären, das Studium nicht bei der ersten schlechten Note hinzuwerfen, sondern herauszufinden, was sie verursacht hat; den Freund nicht zu verlassen, weil er die gemeinsame Urlaubsreise abgesagt hat, sondern zusammen mit ihm zu klären, wie künftig ähnliche Enttäuschungen vermieden werden können.

Gegenwärtig sind Debatten erregt und polarisiert. Es wird nur Schwarz oder Weiß zugelassen; in den Medien ist es schon fast normal, den Ruf eines Verdächtigten zu zerstören, lange bevor die gegen ihn erhobenen Vorwürfe vor einem Gericht geklärt worden sind.

In dem Buch *Helikoptermoral* habe ich diese Phänomene mit einer manischen Abwehr verbunden: Um sich nicht auf die reale Unübersichtlichkeit einzulassen, wird die Pflicht ignoriert, erst nach einer gründlichen Klärung über die Schuld eines Täters zu urteilen.[30]

An die Stelle des Verstehens tritt ein primitiver narzisstischer Gewinn: moralische Überlegenheit durch ein schnelles und radikales Urteil über den Verdächtigen. Dieses Bedürfnis wird durch die Entwertung einer idealisierten Gestalt besonders ergiebig und befriedigend gesättigt.

Ein solches Urteil fordert keinerlei Kreativität. Es genügt ihm, ein vertrautes Schema anzuwenden. Schwieriger, aber auch lohnender wäre es zu verstehen, was da vorgefallen ist, und nach einer Entwicklungsmöglichkeit, auch einer Reparatur, zu suchen.

Gegenwärtig fliehen von Armut und/oder Verfolgung geplagte Menschen nach Europa, in Länder, die aufgrund früherer (und zum Teil vergessener) Erfahrungen mit Krieg, Not und politischer Unterdrückung in ihre Verfassungen das Recht aufgenommen haben, bedrohten Personen Asyl zu gewähren.

In dem gegenwärtigen Umgang mit Flüchtlingen und Asylsuchenden hat eine vernünftige Position wenig Raum. Angesichts der geringen Geburtenrate in Europa brauchen wir Zuwanderung – aber sie sollte sinnvollerweise nicht so massiv erfolgen, dass Toleranz und Integration schlechte Chancen haben. Wo diese offene Haltung nicht zugelassen wird, behauptet die eine Seite, dass die Grenzen dicht gemacht werden müssen, auch wenn noch längst keine Zuwanderung erreicht ist, die den Bevölkerungsschwund kompensieren würde, während die andere alle Bedenken der Bürger vor einer Überwältigung durch das Fremde als faschistisch entwertet.

Integration gelingt in persönlichen Kontakten, in gemeinsamer Arbeit. Der gegenwärtige Kompromiss ist ein Gegensatz zur nötigen Offenheit: Auffanglager, in denen eingepferchte Menschen verwaltet und versorgt werden. Die Fremden dürfen nicht arbeiten, die Einheimischen können nicht mit den Neuankömmlingen nach einem gedeihlichen Miteinander suchen. Dabei zeigt die Geschichte, dass sich Wohlstand und Erfindungskraft kaum besser fördern lassen als durch eine Durchmischung von Bevölkerungen in der Freiheit, ihr Leben gemeinsam zu gestalten.

Kapitel 15

PLASTIK: WAS SICH NICHT REPARIEREN LÄSST, SOLLTEN WIR VERMEIDEN

Dieser Schminkspiegel ist in dem Steinhaus immer noch beliebt. Das Bild zeigt ihn verstaubt nach der Winterruhe. Der Plastikrahmen um das Glas war zerbrochen. Die Basis ist ein Stück der alten Kelter (tino) *aus Kastaniendauben.*

Plastik ist das Symbol des Elends der Konsumgesellschaft schlechthin. Wie eine Seuche finden wir es an Stränden fernab jeder Fabrik, wo jahrtausendelang nichts angespült wurde als Holz, Muschelschalen, Tintenfischskelette oder die Kokosnuss in ihrer Faserhülle. Als jüngst ein gepanzertes U-Boot den bisherigen Tiefenrekord brach, entdeckten die Forscher im Marianengraben, tiefer unter dem Meeresspiegel als die höchsten Berge hoch sind, eine treibende Plastiktüte.

Die ersten »Kunststoffe« dienten dazu, schwerer zu findende und zu bearbeitende Materialien nachzuahmen und zu ersetzen. So waren Bernsteinperlen unter den Nomaden Nordafrikas seit Jahrtausenden gefragt. Sie fanden den Weg von der Ostsee in den Süden. Eines der ältesten Plastikmaterialien sind die im 19. Jahrhundert entwickelten »Bernsteinperlen« aus gelbem Kunstharz, mit denen anfangs die Beduinen, inzwischen aber vor allem Touristen getäuscht werden.

Als ich einmal eine gerissene Kette aus Korallen neu fädelte, wollte ich einen Endknoten durch vorsichtiges Anschmelzen unauflöslich machen. Dabei geriet die Flamme zu dicht an eine der roten Perlen. Sie fing mit einer Stichflamme Feuer. Ich hatte eine aus Zelluloid gepresste Imitation unter den echten Korallenperlen übersehen, die aus dem Skelett der roten Schmuckkoralle geschliffen sind.

Ich musste meine Arbeit neu beginnen und testete jetzt vorsichtshalber alle Perlen, es war aber keine falsche mehr darunter. Korallen sind feuerfest, Zelluloid hingegen, ein Gemisch aus Schießbaumwolle und Kampfer, ist das älteste Thermoplast und ein sehr gefährlicher Stoff. Da es bis zu einem Verbot im Jahr 1951 als Träger der lichtempfindlichen Schicht von Filmen verwendet wurde, kam es immer wieder zu Bränden in Kinos und Explosionen in Filmlagern. Die Zahl der Todesopfer ging manchmal in die Hunderte.

Bereits beim Zelluloid lässt sich beobachten, was ich als Tücke der Kunststoffe erlebe: Sie sind weniger stabil als Glas und Metall, aber widerstandsfähiger gegen Fäulnis als Papier, Leder und Holz. Sie enthalten Weichmacher, vergiften Luft und Wasser, bestehen, wo sie zerfallen sollten, zerfallen, wo sie bestehen müssten. Sie widersetzen sich der Reparatur, weil sie auf unberechenbare Weise ihre Struktur verändern können. Das gilt vor allem für die Fälle, in denen Weichmacher im Spiel sind; die frühen Kunststoffe wie das Bakelit sind da tugendhafter.

Einmal habe ich auf dem Flohmarkt ein Paar nicht getragener Arbeitsschuhe gekauft. Die Stiefel sahen solide aus, hatten aber lange in der Schachtel gelegen. Als ich sie das erste Mal trug, zerfiel nach einer halben Stunde die Sohle unter meinen Füßen. Ein ähnlicher Fall ist die Kreppsohle eines Paars Schuhe aus »natürlich« gegerbtem, gelblichem Leder. Sie begann, am Boden zu kleben, und quoll über die Ränder der Brandsohle.

Plastik ist das wichtigste Material, um den Fluch der Konsumgesellschaft Gestalt annehmen zu lassen: Ihr seid verdammt, alles, was Menschen je erfunden und produziert haben, billiger und schlechter nachzumachen. Nur ausgewählte, besonders teure Geräte haben inzwischen noch Gehäuse aus ehrlichen Materialien wie Holz und Metall.

Wer von der Verführbarkeit für billige und bequeme Lösungen profitieren möchte und keine Bedenken hat, die Schäden den nächsten Generationen aufzuladen, hat sein Meistermaterial gefunden.

Wer Dinge repariert, liebt Materialien, die ihm entgegenkommen; das schwer berechenbare und oft hässliche Plastikmaterial nimmt er nicht so gerne an wie die vertrauenswürdigeren Stoffe, die aus natürlichen Kreisläufen kommen und wieder in sie zurückkehren, wie Holz und Pflanzenfasern. Aber Metall und Glas sind hart und brauchen viel Energie, wenn sie weich und formbar werden sollen. Plastikmaterial hingegen lässt sich viel bereitwilliger und mit geringerem Energieaufwand formen.

Als das Dach des Steinhauses nicht mehr gut genug mit Bastelkräften in Schuss gehalten werden konnte, sah es nach der Reparatur durch einen tüchtigen Handwerker ordentlicher, aber noch genauso schön und würdig aus.

Die alten Ziegel waren geblieben, nur die morschen ersetzt worden. Unter ihnen lag eine Schicht verschweißter Dachpappe. Endlich konnten wir uns darauf verlassen, dass es bei Gewitter nicht auf das Bett tropft. Abenteuerlich und aufregend habe ich das auch in meiner Jugend nicht gefunden, obwohl ich damals noch freudiger am nächsten Morgen auf das Dach stieg und nach den schuldigen Ziegeln suchte.

Die Traufziegel, die immer so gerne verrutscht waren, saßen dank des Bauschaums bombenfest, der unter sie gepresst worden war. Um seine Farbe zu neutralisieren, hatte der Handwerker die sichtbare Seite mit einer Propanfackel versengt. Früher wurde das mit Mörtel gemacht.

Während Glas und Metall in der Sonne liegen können, ist Plastik lichtscheues Gesindel. Die glänzenden Eimer und Wannen aus Polyethylen, die verführerisch leicht und viel billiger sind als verzinktes Blech, gar Aluminium oder Kupfer, verlieren in der Sonne schnell ihren Glanz. Sie werden spröde und brechen. Während sich ein Loch in einem Gefäß aus Metall gut flicken lässt, sind brüchige Plastikeimer nicht mehr zu heilen.

FIESE WEICHMACHER

Die Unberechenbarkeit des Plastikmaterials liegt an den Zusätzen, die es in kaltem Zustand »plastisch«, verformbar und damit bruchsicher machen: Weichmachern. Es sind vorwiegend Phthalate, die sich in Nahrungsketten anreichern, wenn sie durch Müll oder Abrieb in die Umwelt gelangen. Sie sind giftig, hormonähnliche Wirkungen schaden der Entwicklung von Kindern. Daher wird inzwischen bei Kinderspielzeug aus Weichplastik, das besonders viele Phthalate enthielt, ein strenger Maßstab angelegt.

Dieser kann uns freilich nicht beruhigen, wenn wir eine Recherche der Umweltschutzorganisation BUND zur Kenntnis nehmen, die im Mai 2019 vorgestellt wurde. Nicht weniger als 654 Unternehmen brechen das Gesetz, das seit 2007 in der Europäischen Union verbietet, im großen Maßstab mit Chemikalien Handel zu treiben, die nicht registriert worden sind.

Die Produzenten *müssten* Dossiers mit umwelt- und gesundheitsrelevanten Studien bei der europäischen Chemikalien-Agentur

(ECHA) einreichen, sobald die Menge einer verkauften Chemikalie über 1000 Tonnen beträgt.

2015 zeigte eine Prüfung durch das Umweltbundesamt (UBA), dass nur *eines* von 1814 sogenannten Registrierungsdossiers den geltenden Anforderungen genügte. Zwei Drittel der Dossiers waren unvollständig – aber die Stoffe wurden dennoch gehandelt.

Jetzt hat der BUND kontrolliert, ob sich seit der ersten kritischen Studie etwas geändert hat. Keiner der Hersteller hatte die nötigen Informationen nachgereicht. Umweltschützer beklagen vor allem die mangelnden Daten über den Weichmacher Dibutylphthalat, der in vielen Alltagsgegenständen und auch Spielzeugen verarbeitet wird. Es besteht begründeter Verdacht, dass er Diabetes auslösen und die Fruchtbarkeit schädigen kann.

Die Daten in den Dossiers werden von der europäischen Chemikalien-Agentur geprüft. Diese hat aber nicht die Macht, den Verkauf einer Chemikalie zu verbieten, über deren Gefahren sie nicht regelkonform informiert wurde; das könnten nur die nationalen Behörden.

Konzept und Praxis liegen weit auseinander. Der Gesetzgeber hat die Industrie lange einfach machen lassen. Dann kamen Berichte über Gesundheitsschäden und Weichmacher in Meeresfischen oder in der Muttermilch von Eskimofrauen. So wurde ein Regelwerk entworfen, das Chemiefabriken zwingen sollte, die Umweltschäden durch ihre Produkte offenzulegen. Aber in der Praxis muss sich gute zehn Jahre lang erst einmal kein Produzent daran halten.

Das elende Plastik, die Verpackungsindustrie und der Staat, der den Bürger mit Recyclinglügen abspeist, formieren eine teuflische Trinität. Wir sollten grundsätzlich nichts kaufen, das in Plastik steckt und – sobald es kaputtgeht – komplett weggeworfen werden muss. Dazu gehören die meisten elektrischen Zahnbürsten: Sobald der Akku erschöpft ist, müssen sie in den Sondermüll. Wer sich damit nicht abfinden mag, findet im Internet Reparaturanleitungen, die chirurgische Fertigkeiten erfordern.

Ein weiteres Beispiel für den Verfall der Dinge durch die Plastikkultur sind Schreibwerkzeuge, besonders die Kugel- und Faserschreiber. Die heutigen Massenprodukte sind ein beliebtes Geschenk, weil sie extrem billig produziert werden können. Sie liegen herum und ärgern den Nutzer durch ihre Unzuverlässigkeit.

Nach einer neueren Statistik sterben jedes Jahr allein in Deutschland rund 300 Menschen, viele davon Kinder, an eingeatmeten oder verschluckten Teilen von Kugelschreibern.[31] Kein Wunder: Das Plastik glänzt, es ist leicht, das Ding zu zerlegen, dann liegen die Teile einladend herum.

Wer mit einem Bleistift schreibt, kann sicher sein, dass ihn dieser nicht unversehens im Stich lässt. Was den Schreibvorgang stört, lässt sich leicht erkennen und einfach reparieren. Und nichts zerfällt in Einzelteile, die Kleinkindern gefährlich werden.

Kapitel 16

AUF DEM WEG ZUR ÖKOTHERAPIE

2019 jährte sich zum 80. Mal der Todestag des Gründers der modernen Psychotherapie. In London, nicht in Wien, wo Sigmund Freud die bei Weitem längste Zeit seines Lebens studierte, arbeitete und zu einem Jahrhundertdenker wurde.

Freud musste aus Wien fliehen, als Hitler den »Anschluss« Österreichs erzwang. In der Folge griff in der ursprünglichen Heimat von Freuds Denken die rassistische Barbarei um sich. In London fand der schwer kranke Freud Asyl und eine neue Heimat. Die Psychoanalyse aber hat sich von diesem Entwicklungsbruch nicht erholt.

Denn Freud sah die zentrale Aufgabe der von ihm begründeten Bewegung nicht darin, Kranke zu heilen und den lukrativen Beruf des Psychotherapeuten zu schaffen. Er wollte vor allem den Gesunden klarmachen, dass die Kultur, die sie durch ihre Politik gestalteten, schlechterdings nicht gut ist für die Menschen. Sie verschafft uns mehr Unbehagen als Befriedigung, sie hält uns in Illusionen fest, welche die strahlende Intelligenz der Kinder verkümmern lassen, sie versagt uns das Wesentliche.

Die Donaumonarchie, die Freuds Kulturkritik prägte, bemühte sich um Toleranz und Assimilation unterschiedlicher Nationen. Juden konnten Abitur machen, Offiziere, Universitätsprofessoren und Minister werden, alles Errungenschaften, die zu Freuds Lebzeiten entstanden – und den rassistischen Antisemitismus weckten, der bösartiger war als der christliche.

Freud dachte und argumentierte für eine Gemeinschaft der Gebildeten, die später Hermann Hesse im *Glasperlenspiel* in ernsthafter Ironie als Kastalien beschrieb. Der aufgeklärte Mensch sollte sich von der Zivilisation wenigstens so weit distanzieren, dass er nicht mehr die Lügengewebe von bürgerlicher Moral oder religiöser Mystifizierung bräuchte, um seine Nähe zum Animalischen zu leugnen und dadurch der eigenen Gesundheit zu schaden.

Das Getöse des Ersten Weltkriegs hat die leise Stimme der Vernunft übertönt, auf die Freud setzte. Dann kamen Nationalsozialismus, Rassismus und als Gegenreaktion im Judentum die Rückkehr zum Glauben der Väter und die Abkehr von Freuds Religionskritik.

Dass ein zweiter Missbrauch des Menschen durch die Kultur eng mit dem ersten verbunden ist und mindestens ebenso gefährliche Folgen hat, konnte Freud noch nicht wissen. Seine Enkelinnen und Enkel könnten es wissen, aber sie scheuen sich, es laut zu sagen. Es scheint ihnen schwerzufallen, die Kritik an der Gesellschaft wichtiger zu nehmen als das Mobiliar des therapeutischen Wohnzimmers.

Diesen zweiten Missbrauch des Menschen nach dem ersten der Sexualunterdrückung hat die Konsumgesellschaft eingeführt, entwickelt und perfektioniert, bis die Weltmeere arm an Fischen und reich an Plastikmüll geworden sind, bis es in vielen Städten schädlich ist zu atmen und eine Klimakatastrophe droht.

Menschen neigen dazu, im Streben nach Wunscherfüllung die Folgen ihrer Entscheidungen zu ignorieren. Sie immunisieren sich gegen die entsprechende Einsicht, bis katastrophale Folgen nicht mehr zu leugnen sind.

Freud hat nicht nur sehr konsequent die Gesellschaft seiner Epoche kritisiert; er wurde auch gehört und gewann eine Aufmerksamkeit unter Intellektuellen und Künstlern, von denen Psychoanalyse und Psychotherapie heute nur träumen können, obwohl sich die schiere Zahl der Professionellen in diesem Sektor multipliziert hat.

Aber es gelang nicht, die psychoanalytische Bewegung zusammenzuhalten und Kompromisse zu finden, welche die Abspaltung von Alfred Adler und C. G. Jung verhindert hätten. Als die faschistischen Bewegungen stärker wurden, fielen die Psychoanalytiker sich quasi selbst in den Rücken, die Sicherung ihres Platzes auf dem Markt der Heilberufe war ein stärkeres Motiv als das Eintreten für eine gemeinsame Bewegung gegen die wachsende Barbarei.

Die psychoanalytischen Schulrichtungen fanden nie mehr in eine Kulturkritik, die auch nur annähernd die Dynamik der ersten Jahrzehnte erreichte. In Deutschland schusterte ein Verwandter des NS-Prominenten Göring eine »deutsche Psychotherapie« zusammen. »Arische« Psychoanalytiker, die bisher Freud gefolgt waren, entdeckten nun, dass Anpassung und Tüchtigkeit schon immer ihre wichtigsten Ziele gewesen seien.

Ihre jüdischen Kollegen emigrierten und hatten in ihrer neuen Heimat anderes zu tun als Kulturkritik. Freuds lakonischer Satz, die USA seien ein Fehler, gigantisch zwar, aber nichtsdestoweniger ein Fehler, wurde vergessen. Diese Aussage steht für das Unbehagen Freuds angesichts einer Kultur, die noch weit mehr als die europäische durch Raubbau charakterisiert ist.

Jetzt widersprachen die Analytiker nicht mehr dem Missbrauch der Erforschung des Unbewussten durch die Werbeindustrie. Diese erkannte, wie gut sich sexuelle Pseudobefreiung vor den Konsumkarren spannen lässt und wie leicht es ist, die menschliche Gier nach Verschwendung und Überfluss zu wecken.

Die ökologische Katastrophe kündigte sich schon in den 1960er-Jahren an, als Rachel Carson ihr Buch *Der stumme Frühling* schrieb und der Club of Rome über die Grenzen des Wachstums forschte. Sie interessierten die Psychoanalytiker nur ausnahmsweise.

Dabei wäre eine in die Öffentlichkeit wirkende Wissenschaft von den menschlichen Emotionen dringend nötig, auch als Gegengewicht angesichts der manipulativen Macht der Werbeindustrie. Das Gefühl für die Schönheit eines natürlichen Lebenszusammenhangs (eines Biotops oder einer in Jahrhunderttausenden gewachsenen Landschaft) ist ebenso gültig wie der mathematische Beweis für die Stabilität differenzierter Ökosysteme. Im ersten Fall trete ich in unmittelbaren Kontakt zu einem System, im zweiten Fall in einen indirekten.

Auch wer nichts über den Zusammenhang zwischen Kapitalismus, Naturausbeutung und Profitmaximierung weiß, wird Widerwillen empfinden angesichts baumloser Schnellstraßen oder Schachtelhäuser, welche sich in die gewachsenen Kerne von alten Siedlungen fressen wie ein unaufhaltsam identische Zellen produzierender Tumor.

Ähnliche Gefühlsqualitäten lassen sich finden, wenn wir die Anmutung eines Fichtenforsts mit der eines Mischwaldes vergleichen. Was unser Gefühl positiv anspricht, ist eigentlich immer auch das stabilere Ökosystem.

Ökotherapeutische Kenntnisse entwickeln sich in zwei Richtungen:

- einer regressiven - wir verlassen uns mehr auf unsere Gefühle und nehmen diese differenzierter wahr;
- einer progressiven - wir erwerben Informationen über Tatsachen und Zusammenhänge, gehen in kritische Distanz zu einer Gesellschaft, welche Natur und Psyche überlastet und schädigt.

Anders als Freud, der das Bild des Neurotikers auf den urtümlichen Wilden projizierte und Übereinstimmungen in beider Seelenleben zu erkennen glaubte, nimmt der Ökotherapeut den Wilden mit in sein Behandlungszimmer und benutzt ihn als Modell, um dem Zivilisationsmenschen ein Stück alternativer Fantasie zu ermöglichen.

Hinter angeblichen Störungen können wir mit diesem Blick eine auf frühere Phasen der Evolution zugeschnittene Kompetenz erkennen, etwa in der Aufmerksamkeits-Defizit-Hyperaktivitäts-Symptomatik (ADHS), die bei einem zu körperlicher Stille gezwungenen Kind stört, in den Jägerkulturen und damit in mehr als 99 Prozent der Entwicklungsgeschichte von Homo sapiens aber völlig in Ordnung, ja sogar nützlich war.

Ähnliches gilt für Hysterie, in der schon Freud »älteres Menschtum« erkannte. Nicht die Hysterischen sind gestört, sondern die Normen passen nicht, die wir ihnen aufzwingen. Wenn die Experten im Medizinsystem das ignorieren, machen sie sich zum Komplizen eines destruktiven Systems und verlieren die Chance, vor seinen Fehlentwicklungen zu warnen.

SCHAMANISCHES DENKEN

Die Aufgabe des Schamanen der Primitivkulturen war es, nicht das Individuum zu heilen, sondern Ordnung und Ausgewogenheit im Zusammenhang von Individuum und Kosmos wiederherzustellen. Dazu dienten die Reisen ins Geisterland bei nordischen Jägern und Rentierzüchtern, die komplizierten Sandbilder bei den Navajos, die Gesänge der Eskimos oder die Trancetänze der Buschmänner. Sie alle drücken den Versuch aus, das Einzelwesen mit der umgebenden Natur zu verbinden und beide durch diesen Kontakt gesunden zu lassen.

Das mythische Weltbild der Primitiven wird in allen Einzelheiten durch unsere Detailkenntnisse übertroffen. Im Gegensatz zur Industriegesellschaft ist die Primitivkultur aber als Ganze erlebbar und wohl auch auf eine Weise lenkbar, die nichts mit technischer, bewusst geplanter Veränderung zu tun hat. Sobald die Umwelt in Rohstoffe zerlegt wird, von denen jeder möglichst viel Nutzen erbringen soll, zerfällt auch das Individuum in einzelne Fähigkeiten, die kontrollierbaren Nutzen bringen.

Je mehr die Macht des Menschen über die Natur angewachsen ist, desto größer sind auch die Gefahren der Spaltung. Die für unsere Zukunft gefährlichsten Entscheidungen wurden nicht aus der Unwissenheit geboren, sondern aus dem Mangel an Einsicht in diese Unwissenheit. Die Entscheider haben praktisch die Lücken in ihrem Wissen mit ihren narzisstischen Fantasien zugestopft, wie der deutsche Professor in Heinrich Heines Gedicht die Lücken des Weltenbaus mit seinen Schlafrockfetzen.[32]

Bisher haben wir nur erlebt, dass vieles, was wir getan haben, unerwartete, nicht kontrollierbare Folgen hat, ob es nun um Weichmacher, Pestizide, Plastikmüll, Dieselmotoren oder Atomkraftwerke geht. Das gilt sogar für die Prognosen über Katastrophen. Nicht nur die Ingenieure haben sich geirrt, die behaupteten, sie können die Risiken der Atomenergie einschätzen. Das taten auch Umweltforscher, die (wie Cousteau) den Tod des Mittelmeers für das Jahr 1990 oder die weltweite Verfinsterung durch die brennenden Ölfelder in Kuwait voraussagten. Heute mehren sich wieder die Beispiele, dass Katastrophen schlimmer ausfallen als prognostiziert. Die Gletscher etwa schmelzen viel schneller als berechnet, die Permafrostböden ebenfalls.

Solange der Planet nur spärlich besiedelt war und es noch wilde Gebiete zu erschließen gab, ließen sich die Gefahren verleugnen, die uns der zweite Hauptsatz der Wärmelehre vor Augen führt: Energie fließt nur in eine Richtung. Kohle verbrennt, Dampf zischt, Kraft wird produziert - am Ende bleiben Asche, Reibungswärme, erhöhte Temperatur des Kühlwassers. Sie können nicht mehr genutzt werden, es gibt kein Perpetuum mobile, das physikalische Gefälle hat nur eine Richtung: von der Kraft zur Wärme.

Die einzig vernünftige Konsequenz aus diesem Gesetz wäre es gewesen, sich nicht auf die Vorräte des hohen Energiegefälles in unserer Umwelt zu verlassen: die fossilen Brennstoffe. Dennoch entstand die Verschwendungswirtschaft, die den Planeten vergiftet und viele Arten ausgerottet hat.

Wiederverwertung ist heute ein Schlagwort und wird da zur Lüge, wo sie als gültige (angenehme) Alternative zum Verzicht und nicht als Zeitgewinn und kleineres Übel angeboten wird. Die meisten Zyklen können nicht geschlossen werden, es gibt immer Schwund, nichtrückführbare Reste, bei denen der Aufwand für eine Wiederverwertung größer ist als die Einsparung.

Wir alle hängen von der lebendigen Natur ab, deren Vegetation Sonnenlicht sammelt und konzentriert. Hier nimmt nur die Entropie auf der Sonne zu. Bis zu deren Wärmetod werden noch Millionen Jahre vergehen. Die Erde ist kein geschlossenes System, was Energie angeht, wohl aber in Bezug auf Rohstoffe.

Unverkennbar sind die Zivilisierten abhängig von einem Konsumniveau, das nur durch Raubbau aufrechterhalten werden kann. Aber diese Abhängigkeit tragen, anders als etwa die Opiatabhängigkeit, psychische Prozesse allein. Es gibt keine im Körper wurzelnden Entzugsmechanismen, im Gegenteil: Freiwillige Armut, Preisgabe des gewohnten Komforts ist attraktiv. Die Verwöhnten der Moderne ziehen, nur mit dem Nötigsten ausgerüstet, in die Natur und üben Überleben außerhalb der Zivilisation, sie mieten sich eine Zelle in einem Kloster oder wandern Wochen auf Pilgerschaft von einer Unterkunft zur nächsten.

Während jeder Heroin- oder Medikamentensüchtige erleichtert wäre, wenn er sein Suchtmittel ohne körperlich belastende Folgen weglassen könnte, vermitteln Politiker den Konsumbürgern, dass Verzicht grausam, ja unerträglich sei. Sie müssten nur Führer wählen, die ihnen vorlügen, es könnte mit Wachstumswirtschaft und bezahlbarem Komfort immer so weitergehen wie bisher.

So hat eine der dümmsten Vereinfachungen, Verzicht raube uns die Lebensfreude und sei ein negatives Ding, eine katastrophale Breitenwirkung. Ich lasse mir doch mein Steak, mein Frühstücksei, mein neues Auto oder Smartphone nicht verbieten, so wird gesagt – als ob es darum ginge! Wer so argumentiert, sucht die primitivsten Affekte auf seine Seite zu ziehen: Angst vor Verlust und Aggression gegen die vermeintlichen Räuber. Dabei geht es darum, die Breitenverschwendung, die nicht lustvoll erlebt wird, in Spitzenbefriedigung zu verwandeln, weil das Gute wirklich gut ist und nicht nur eine Imitation des Guten aus billigen Ersatzstoffen.

Die Konsumentenpsyche hat sich auf einem aberwitzigen globalen Verbrauchsniveau so organisiert, dass sie keinen Genuss daraus zieht, sondern nur Unbehagen verspürt, wenn nicht mehr alles funktioniert wie bisher. Darin liegt die Analogie zur Sucht: Wie bei dieser baut das Gift seine Macht nicht auf dem Genuss, den es verschafft. Der war nur der Köder in der Falle. Bald regiert die Droge durch die Angst vor einem elenden Zustand, wenn sie nicht mehr zugeführt werden kann.

Wird das Ende des *Homo consumens* eine Katastrophe sein, oder stirbt er langsam aus, wie einst der Neanderthaler? Gegenwärtig gewinnen Populisten an Zulauf, deren armseliges Programm auf ein Dichtmachen der Grenzen hinausläuft: hohe Zäune, undurchdringliche Mauern, Gleichgültigkeit gegen das Leid draußen. Wie es dann in den Fluchtburgen der reichen Staaten aussieht? Überschwemmungen, steigende Krebsraten, Spaltung der Gesellschaft in Reich und Arm, wachsende Kriminalität, Unsicherheit auf den Straßen, Leben wie im Mittelalter in burgähnlichen Wohnanlagen mit eigenem Wachdienst, Druck durch Asylsuchende und illegale Einwanderer, Inflation, verbreitete Drogenabhängigkeit, um elende Lebensbedingungen zu ertragen, Wasserknappheit, atomare Verseuchungen und Hungersnöte können wir uns schon heute ausmalen. Wir ahnen aber nichts von den Gegenkräften, die sie wecken werden.

Wir können technische Zukunftsprojekte gut beurteilen, aber wir wissen sehr wenig von den emotionalen und sozialen Reaktionen, wenn die Verdrängungsdecke reißt, mit der sich *Homo consumens* bisher gegen die Einsicht schützt, dass seine Tage gezählt sind. Eine Stadt, die alle Rohstoffe wiederverwertet und ausschließlich mit erneuerbaren Energien funktioniert, mit Solaranlagen, Windrädern, grünen Wegen für Lastfahrräder, ohne den Lärm und Gestank der Explosionsmotoren, können wir uns malen wie das wiedergefundene Paradies. Vorher müssten wir aber die Rivalität der Nationen und der Konfessionen überwinden, die sich der gemeinsamen Aufgabe in den Weg stellt, den Planeten nicht durch unbegrenztes Wachstum der Bevölkerungen zu zerstören.

Dieser Verzicht auf Rivalität wird zu einer Überlebensfrage. Wenn die Nationen nicht lernen, pfleglich miteinander umzugehen, werden sie einander zerstören. Wir haben uns an den atomaren Overkill gewöhnt, aber das bedeutet keineswegs, dass diese Gefahr nicht mehr existiert. Gegenwärtig bewegen sich Projekte, die eigene Nation auf Kosten anderer »groß« zu machen, noch in einem Teufelskreis, der dem Wettrüsten in der Militärtechnik ähnelt. Der gemeinsame Gegner, der diese Rivalität überwinden kann, ist kein Raumschiff Außerirdischer, die uns – wie im Film über den *Independence Day* – ausrotten wollen. Wir sind es selbst.

In dem archaischen Gesellschaftsmodell der Jägerkulturen ist der Garant für ein Gleichgewicht der belebten und unbelebten Natur der Schamane. Er wird gerufen, wenn es etwas im Stamm zu reparieren und zu heilen gibt: eine Krankheit, eine schwere Geburt, das Ausbleiben von Beutetieren, Witterungsbedingungen, die das Gedeihen der essbaren Pflanzen, der wilden Bienen gefährden. Der Schamane pflegt das mythische Weltbild, die prägenden Geschichten, die in seinem Stamm erzählt werden; er fügt wohl auch, je nach Begabung und Gruppendynamik, neue Geschichten, neue Bilder zu den alten.

Die soziale Überlegenheit der Stammeskultur wird gegenwärtig greifbarer. Das Elend der Individualisierung im Dienst einer übersteigerten Ausbeutung des Planeten lässt sich nicht mehr leugnen. Der Gedanke, das Individuum zu maximalem Konsum in Rivalität zu allen anderen Individuen anzutreiben und diesem Prinzip die Einwände gegen den Raubbau an den Ressourcen zu opfern, kann keine Zukunft haben, keine Gegenwart stabilisieren.

Auf diesem Weg ist ein Teufelskreis entstanden, der sich in der kapitalistischen Wirtschaft manifestiert. Gegenüber dem »Opium des Volkes«, als das Marx die Religionen beschrieben hat, ist Konsum die »bessere« Droge, denn kein Politiker, der von konsumabhängigen Bürgern gewählt werden will, wird diesen die Wahrheit über den drohenden Kollaps der regenerativen Prozesse in der Umwelt sagen, geschweige denn die nötigen Einschränkungen durchsetzen, um einen Beitrag zu leisten, diesen zu verhindern.

Erst wenn es möglich wird, sich zu neuen Stämmen zusammenzuschließen und die überschaubare Umwelt gemeinsam zu verwalten und zu verteidigen, kann dieser individuelle Egoismus überwunden werden. Zuvor müssen die Machtstrukturen krass gescheitert sein, die den Menschen so lange versprochen haben, sie könnten den Planeten gleichzeitig behalten und verzehren. *Es braucht ein Dorf, um ein Kind zu erziehen* ist ein geflügeltes Wort geworden. In den 1970er-Jahren galten neue Formen der Gruppentherapie als Aufbruch in »befreite Gebiete«, analog zur politischen Guerilla in totalitären Gesellschaften. Damals wurden viele Illusionen produziert; manche Aufbrüche entgleisten zu Sekten um einen charismatischen Guru.

Der Bevölkerungsdruck hat den Jägern das Wild und den Nomaden die Weiden genommen. Dem Kapitalismus sind solche Verluste gleichgültig. Mehr Menschen sind mehr billige Arbeitskräfte, mehr Käufer, mehr Profit.

Der jüngste Beitrag zu dieser Debatte hat in den USA Aufmerksamkeit erregt: In *Tribe* weitet Sebastian Junger seine Beobachtungen an US-amerikanischen Soldaten im Afghanistankrieg zu einer Betrachtung der Stammeskulturen aus.[33] Nicht der Krieg hat die Psyche der Soldaten überlastet, sondern der *Verlust* einer sonst durch die zivilisierten Lebensbedingungen verschütteten Intensität an Zugehörigkeit und gegenseitigem Vertrauen.

Aus jungen Männern entsteht im Kampfeinsatz eine Art Stammeskultur. Kameradschaftliche Bindungen entschädigen die Soldaten nicht nur für die Härte und die Gefahren ihrer Situation; sie schenken ihnen ein neues Lebensgefühl, dessen Verlust nach der Rückkehr in die Städte Ängste und Depressionen auslöst.

Junger greift auf Beobachtungen der US-amerikanischen Pioniere zurück: Es gab viele Europäer, die ihre Siedlungen verließen und sich den Indianern anschlossen. »Tausende Europäer leben bei den Indianern, und es gibt nicht ein einziges Beispiel für einen Ureinwohner, der freiwillig Europäer geworden ist«, berichtete 1782 ein französischer Siedler namens Hector de Crèvecœur.[34]

Verluste an Nähe und Wärme sind in einer arbeitsteilig organisierten Gesellschaft unvermeidlich. In Notsituationen kümmert sich der Mensch um den Menschen; sobald aber die Telefone und Transportmöglichkeiten wieder funktionieren, sind auch Institutionen und Experten wieder in ihre Macht eingesetzt. Diese Situation hindert uns, menschliches Leid nachhaltig persönlich zu nehmen. Wir organisieren die Lösung, den Experten, die Operation, das Medikament.

Die Konsumgesellschaft ist süchtig nach sich selbst und verbietet es, über diesen Rahmen hinauszudenken. Das Faszinosum der Sucht liegt darin, dass schnell und radikal völlig klar ist, was fehlt und auf welchem Weg Abhilfe gefunden werden kann, wenn sich ein Leidenszustand bemerkbar macht. Während in der Jägerkultur der Hunger zum Ansporn von Gemeinsamkeit und Kooperation wurde, sind moderne Süchtige auf sich selbst zurückgeworfen und berüchtigt für ihre Neigung, jede mitmenschliche Bindung und jede Empathie ihrer Abhängigkeit zu opfern.

Eine der Sucht vergleichbare und ähnlich wirksame Form der Abwehr einer ernsthaften und produktiven Auseinandersetzung mit Leidenszuständen ist die Idealisierung, sei es die eines Liebesobjektes oder eines Idols. Verliebte reduzieren die aufwühlende Unsicherheit auf einen einzigen Mangel: Ist die/der Geliebte da, ist alles gut, fehlen sie, drohen Verlassenheit und Schmerz.

Eine ähnliche Funktion erfüllen Idole. Wer sich für einen erleuchteten Führer begeistert, hat in diesem die Lösung; er muss sie nicht mehr suchen.

Es gibt keine stabile Zukunft, die auf vielen Waffen, hohen Zäunen und Brutalität gegen Abweichler beruht. Sie schafft hinter den Mauern Unsicherheit in riskantem Komfort, vor den Mauern Unsicherheit in riskanter Armut, bis auf beiden Seiten das Leben nicht mehr lebenswert ist.

Der ausschlaggebende Impuls zu einer Erneuerung wird nicht aus rationaler Einsicht kommen, sondern aus der emotionalen Erfahrung einer Drohung, die nicht mehr verleugnet werden kann und so eine soziale Kultur anstößt, die ganz anders sein wird als alles, was wir kennen. Denn dieses Bekannte hat ja bisher den Weg in die Krise gebahnt und ihn auch nicht aufhalten können, als sich die Wissenschaftler über ihre Substanz weitgehend einig waren.

In *Das Floß der Medusa* habe ich eine dokumentierte Katastrophe in ihren prophetischen Qualitäten untersucht.[35] Die französische Fregatte *Medusa* strandete im Juli 1816 auf einer Sandbank, weil der Kapitän einem betrügerischen Lotsen vertraute. Man hätte sie wieder flottmachen können, wenn die Machthaber an Bord nicht ihre Kanonen und mitgebrachten Waren wichtiger genommen hätten als die ihnen anvertrauten Menschen.

Von der Ladung entlastet, wäre das Schiff von der Untiefe freigekommen. Die Uneinigkeit und Zukunftsblindheit der Mächtigen an Bord blockierte jede Entscheidung, bis ein Sturm aufkam. Die Wellen zerschlugen das Schiff, es war jetzt manövrierunfähig und drohte mitsamt den Kanonen und Handelswaren zu sinken.

Die Offiziere beanspruchten die Beiboote und ließen hastig ein Floß für den Rest der Mannschaft bauen. Als es betreten wurde, sank es so tief ein, dass alle Passagiere bis zur Hüfte im Wasser standen. Die Boote sollten das Floß zur 30 Seemeilen entfernten Küste schleppen; die Offiziere, die geschworen hatten, niemanden zurückzulassen, kappten die Taue und brachten sich selbst in Sicherheit.

Die Vorräte auf dem Floß wurden fortgeschwemmt, die Bewegungen der notdürftig verknoteten Hölzer in den Wellen quetschten die Glieder der Schiffbrüchigen; viele ertränkten sich freiwillig. Auf dem Floß überlebte von über hundert Passagieren nicht einmal jeder zehnte. Mord und Kannibalismus regierten.

Hätte die Mannschaft der Fregatte mit Schiffszimmermännern, Schmieden und vielen erfahrenen Seeleuten die Chance erhalten, die an Bord vorhandenen geistigen und handwerklichen Fähigkeiten zu nutzen, wäre niemals ein derart mörderischer Rettungsversuch unternommen worden. Das Beispiel der *Medusa* lehrt, wie man es auf gar keinen Fall machen soll. Das mag eine karge Hilfe sein, aber ich finde sie tauglicher, als wieder einmal vorzugeben, es gäbe eine Expertise über Lösungen für das noch nie Dagewesene, das - wenn überhaupt - allein durch die freigelassene Kreativität aller Betroffenen bewältigt werden kann.

SCHLUSS

Wann haben wir etwas verstanden?
Wenn wir es reparieren können.

Lange Zeit hat das gegolten. Aber wenn es eine Aussage gibt, auf die sich alle Weltweisen einigen können, dann ist es doch die: Die von Menschen geschaffene Welt ist so kompliziert geworden, dass es den *uomo universale* nicht mehr gibt - den Mann, der in allen Künsten und Wissenschaften auf dem Stand seiner Zeit ist. Leonardo da Vinci soll der Letzte dieser Art gewesen sein. Während wir die Vielfalt der Natur reduzieren und jeden Tag einige Arten aussterben, übersteigen die von Menschen geschaffenen Komplexitäten das individuelle Urteilsvermögen.

Wenn in der Welt der Datenverarbeitung etwas nicht funktioniert, wird fast immer ohne Einsicht in den Fehler repariert. Ein Programm »hängt«, es wird abgeschaltet und neu geladen. Die Analogie zur Heilung menschlicher Verstörungen durch den Schlaf liegt nahe. Sie ist aber schief.

Im menschlichen Gehirn gewinnen durch Schlaf, Ruhe und Geduld komplexere Systeme die Oberhand und überformen einen primitiven Impuls. Sie wägen Nutzen und Nachteil der impulsiven Reaktion ab und verhelfen dem Ich zu einer Entscheidung, die seinen »wohlüberlegten« Interessen dient.

Im Computer werden Millionen nach einem festen Plan voneinander abhängiger 0-1-Entscheidungen wiederholt, weil die Kaskade an einem Punkt nicht wie geplant funktioniert hat. Wenn sich das System »fängt«, ist es an einer der Myriaden Weggabeln korrekt weitergelaufen, ohne dass irgendjemand etwas verstanden oder entschieden hat.

Nicht selten überholt die Unübersichtlichkeit ihre technische Bewältigung. Ein Beispiel sind zwei Flugzeugabstürze im Jahr 2019. Längst ist die automatische Steuerung von Fliegern perfektioniert – und dennoch oder gerade deshalb versagt ein System mit tödlichen Konsequenzen, weil die Piloten nicht schnell genug herausfinden, wie sie es ausschalten sollen.

Projekte vergeuden riesige Summen, weil kein Verantwortlicher sie überblickt. Es kann Jahre dauern, bis neue Planer ein durch Selbstüberschätzung und Kritiklosigkeit entstandenes Chaos in den Griff bekommen. Meist lässt sich kein einzelner Mensch mehr finden, dessen Fehler die Ursache für das Scheitern des Ganzen sind.

Ein Klient von mir, der digitale Programme entwickelte, ein hochbegabter, aber verschlossener Autodidakt, ahnte früh, dass das Produkt, an dem sein Teamleiter mit einer Gruppe hoch bezahlter Informatiker baute, einen strukturellen Fehler hatte und so nicht funktionieren konnte. Der Leiter war promoviert und ließ sich nichts sagen. In Präsentationen führte die Entwicklergruppe funktionierende Programmteile vor und wurde weiter finanziert. Die Kosten wuchsen, der Erfolg blieb aus. Endlich verlor der CEO die Geduld. Er setzte den Blender ab und beauftragte meinen Klienten, der nun eine von Grund auf neue Architektur entwarf.

Die Geschichte hat mich an den Flughafen in Berlin-Brandenburg erinnert. Wenn ausgewiesene Experten Jahre brauchen, um die Fehler hochkomplexer Systeme zu finden, kommt es einem recht unglaubwürdig vor, dass auf dem Raumschiff Enterprise der Bordingenieur die Zusammenbrüche der Energieversorgung mit einer Lötpistole repariert.

Wahrscheinlicher wäre es, dass ein solches Raumschiff niemals starten kann, weil sich die Konstrukteure durch falsche Versprechungen staatliche Mittel verschafft haben und nun immer mehr Geld und Entwicklungszeitraum fordern, um das Schiff endlich startklar zu machen. Die fernen Galaxien bleiben unerreicht.

Bei Raumschiffen haben wir akzeptiert, dass die begrenzten Mittel unseres Planeten auch in Zukunft nicht ausreichen werden, bezahlbar in unserem Sonnensystem zu navigieren. Eine rudimentäre »Raumfahrt« lebt von einem narzisstisch getönten Irgendwann und Irgendwie.

Seit 1950 wird die Konstruktion eines Kernfusionsreaktors öffentlich gefördert, der mit dem Versprechen einer unerschöpflichen Energiequelle gestartet ist. Die führenden Wissenschaftler des heute ITER genannten Projekts erklären in schöner Regelmäßigkeit, dass sie noch viel mehr Geld und Zeit brauchen, als es in ihrer vorangehenden Prognose stand, um dieses Ziel zu erreichen.

Ich erinnere mich an einen Freund, Physikprofessor in Garching, der mir 1976 erklärte, nach seiner Überzeugung sei ein solcher Reaktor nicht realisierbar, sondern ein Mittel, Geld für Forschung zu sammeln. Da werde gelogen, für einen guten Zweck.

Ich habe seither die Entwicklung verfolgt und war 2019 während einer Recherche im Internet überrascht, wie gut es den Beteiligten gelingt, nur über ihre vielversprechenden Forschungen und Baustellen zu berichten. Kein Wort über die endlose Geschichte der Fehlprognosen, aber Romane über Versuchsanordnungen, die mit maximaler Zufuhr von Energie für Sekunden eine Vorstufe der erhofften Reaktion versprechen.

Solchen Projekten steht die These der *Rückkehr zum menschlichen Maß* gegenüber, wie der deutsche Titel des 1977 erschienenen Buches von Ernst F. Schumacher lautet.[36] Schumacher hatte lange Zeit für die britische Kohlewirtschaft gearbeitet und versuchte später, die sogenannten Entwicklungsländer vom Segen einer »mittelgroßen Technik« zu überzeugen. Er sah die Konflikte voraus, die durch ungleichmäßig über den Erdball verteilte Vorräte an nichterneuerbaren Brennstoffen entstehen. Er stellt klar, »dass ihre immer raschere Ausbeutung eine Gewalttat gegen die Natur darstellt, die unvermeidlich zur Gewaltanwendung unter den Menschen führen muss«.

Schumacher kritisiert große Organisationen, die immer ein wenig kafkaesk funktionieren, den Menschen rastlos machen und ihn durch ihre Unüberschaubarkeit ängstigen. Die Wirtschaft sollte nicht anonym und möglichst effektiv sein, sondern uns möglichst viele Erlebnisse von Sinnhaftigkeit und Sicherheit über unsere Beziehungen verschaffen.

Er plädiert für eine Produktivität von Menschen, die sich in kleinen Gruppen organisieren und den sozialen Wert der Arbeit höher schätzen als den Profit durch immer schneller getakteten Umsatz. Menschen, sagt Schumacher, können nur in überschaubaren Gruppen sie selbst sein; ein wirtschaftliches Denken, das darauf keine Rücksicht nimmt, taugt nichts.

Wenn Homo sapiens eine Zukunft haben will, muss er akzeptieren, dass er nicht Herr der Natur ist, sondern nur für sich und die von ihm gemachten Dinge zuständig. Er muss sie so gestalten, dass sie den anderen Lebewesen nicht schaden, denn was der Mensch nicht reparieren kann, wenn er es verdorben hat, sollte er nicht antasten.

ANMERKUNGEN

1 W. Schmidbauer: Die Enzyklopädie der dummen Dinge, München 2015.
2 Wolfgang Heckel: Die Kultur der Reparatur, München 2014.
3 Ernst Mayr: Animal species and evolution, Cambridge 1963.
4 2019 wurde Apple von einem italienischen Gericht verurteilt, öffentlich zuzugeben, dass ein Softwareupdate die Akkulaufzeit eines ihrer Smartphones stark verkürzt hatte. In den USA ist seit 2017 bekannt, dass Apple Lobbyisten finanziert, die Gesetzesvorlagen blockieren. Es geht darum, Konzerne zu zwingen, dass sie Ersatzteile liefern.
5 Im Anstiftungs-Verlag transcript haben Andrea Baier, Tom Hansing, Christa Müller und Karin Werner ein materialreiches Open-Source-Buch herausgegeben: Die Welt reparieren – Open Source und Selbermachen als postkapitalistische Praxis, 2016.
6 Günther Friesinger (Hg.): Paraflows – Reverse Engineering, Wien 2012
7 Blau, Evelyn, Weiß, Norbert, Wenisch, Antonia: Die Reparaturgesellschaft – das Ende der Wegwerfkultur, Wien 1997.
8 W. Schmidbauer: Homo consumens. Der Kult des Überflusses, Stuttgart 1972, Taschenbuch unter dem Titel: Weniger ist manchmal mehr, Reinbek 1992
9 Bob Weber: New Brunswick lakes have high levels of DDT despite ban on pesticide 46 years ago, The Canadian Press, June12, 2019.
10 Der Satz stammt aus dem Jahr 1967. Damals sollten Pfandflaschen durch Einwegplastik ersetzt werden. Das ist in Deutschland nicht gelungen, das Pfandflaschensystem blieb erhalten. Ärmere Länder waren nicht so glücklich. Viele Millionen Tonnen Plastik in den Weltmeeren sind die Folge davon. Es ist ein Skandal, dass Dinge produziert werden, ohne dass vorab geklärt wird, was sie in der Umwelt anrichten. Jede Produktion sollte erst nach einer umfassenden und genauen Abklärung ihrer Unschädlichkeit gestattet werden.

11 Ausführlich untersuche ich diese Dynamik in: W. Schmidbauer: Raubbau an der Seele. Psychogramm einer überforderten Gesellschaft, München 2017.

12 Jörg-Dieter Kogel: Im Land der Träume. Mit Sigmund Freud in Italien, Berlin 2019. Die unternehmungslustige und unverheiratete Minna begleitete Freud öfter auf Reisen.

13 Zenmeister Sen no Rikyū (1522–1591), zit. nach Stephen Addiss, Gerald Groemer, J. Thomas Rimer: Traditional Japanese arts and culture: an illustrated sourcebook. Honolulu 2006, S. 132. Zit. nach Wikipedia, Japanische Ästhetik, aufger. 9. 4. 2019.

14 Ich war überrascht, als *Homo consumens* 1972 ins Japanische übersetzt wurde. In der Beschäftigung mit den ästhetischen Traditionen Japans wurde mir deutlich, wie viel wir von ihnen lernen können und wie schade es ist, dass *Wabi Sabi* es in Japan inzwischen schwer hat, sich zu behaupten.

15 *Wo bist du, mein gelobtes Land,*
Gesucht, geahnt und nie gekannt?
Das Land, das Land so hoffnunggrün,
Das Land, wo meine Rosen blüh'n?

Wo meine Träume wandeln geh'n,
Wo meine Toten aufersteh'n,
Das Land, das meine Sprache spricht,
Und alles hat, was mir gebricht?

Ich übersinne Zeit und Raum,
Ich frage leise Blum' und Baum;
Es bringt die Luft den Hauch zurück:
›Da, wo du nicht bist, ist das Glück!‹

Des Fremdlings Abendlied von Georg Philipp Schmidt von Lübeck, 1821.

16 Ich habe später versucht, das Lebensgefühl dieser Reisen zu beschreiben, in: W. Schmidbauer: Mit dem Moped nach Ravenna. Eine Jugend im Wirtschaftswunder, Reinbek 1994.

17 Rainer Maria Rilke: Requiem. Für Wolf Graf von Kalckreuth, geschrieben am 4. und 5. November 1908 in Paris.

18 Die Zeit 26/2019.

19 W. E. Mühlmann, Die Metamorphose der Frau. Weiblicher Schamanismus und Dichtung, Berlin 1981.

20 Ich erinnere mich an dieses Wort, habe es aber in den Wörterbüchern nicht gefunden, dort steht *stanghetta* für den Türriegel und *catenaccio* für den Riegel schlechthin (inzwischen besser aus dem Fußball bekannt).

21 *Mezzadro* ist die Bezeichnung für den verbreiteten Typus des Bauern in der Toskana: Der Halbpächter bekommt Haus und Geräte gestellt; er bearbeitet selbstständig das Land und muss von der Ernte (Oliven, Wein, Getreide) und dem Nachwuchs der großen Tiere (Kühe, Pferde) die Hälfte an den *Padrone* abgeben, der dieses System persönlich, meist aber durch einen Verwalter *(Fattore)* überwacht. Die Spuren der Kaninchenställe und der Hühnerzucht in unserem Haus verrieten, wie sich die letzten *Mezzadri* behalfen: Sie züchteten Kleinvieh, denn dessen Ertrag gehörte ihnen ganz und gar. Das System der *Mezzadria* wurde 1950 von De Gasperi abgeschafft; die *Mezzadri*, die wir kennenlernten, nutzten eine Übergangsregel; neue Verträge gab es nicht mehr, sie wurden durch finanziell geregelte Pachtverhältnisse *(Coltivatore diretto)* oder Eigentumsübernahme durch die Pächter ersetzt, der damit zum Bauern *(Agricolo)* wurde. Viele Kleinbetriebe wurden aufgegeben, die Häuser standen leer, sind inzwischen verfallen oder in der Hand von Städtern.

22 Über weitere Einzelheiten des Toskanaabenteuers vgl. W. Schmidbauer: Die Seele des Psychologen. Ein autobiographisches Fragment, Zürich 2016, sowie ders.: Ein Haus in der Toskana. Reisen in ein verlorenes Land, Reinbek 1987.

23 Mike Abbott, Green Woodwork: Working with Wood the Natural Way, Lewes 1989.

24 Der toskanische Kastanienwald ist ursprünglich Niederwald und besteht aus Stockausschlägen, die alle zehn Jahre »geerntet« wurden. Durch den Verfall der bäuerlichen Kultur und die Industrialisierung der Landwirtschaft sind die hölzernen Pfosten in den Weinbergen durch Zementpfosten ersetzt worden. So wird der Niederwald nicht mehr genutzt; er überaltert. In diesem Zustand befindet er sich jetzt.

25 Friedrich Schmidt-Bleek: Grüne Lügen: Nichts für die Umwelt, alles fürs Geschäft – wie Politik und Wirtschaft die Welt zugrunde richten, München 2014. Kathrin Hartmann: Ende der Märchenstunde. Wie die Industrie die Lohas und Lifestyle-Ökos vereinnahmt. München 2009.

26 Vgl. Die Zeit, Nr. 20/2019.

27 Vgl. Ch. von Eichhorn: Platinen zu Gold, Süddeutsche Zeitung, 11. 5. 2019.

28 Die Zeit, Nr. 20/2019.

29 Das ist Unsinn, wie ich während der Korrekturlektüre bemerke. Ich *bin* nicht überfordert, aber anscheinend wirkt die frühe Prägung noch, dass die Arbeit mit Nadel, Faden, Stopfgarn »unmännlich« ist. Ich *fühle* mich überfordert, weil mir dieser Kontinent der Reparatur fremd ist und ich in den defensiven Teufelskreis eintrete: Weil er fremd ist, meide ich ihn, und weil ich ihn meide, bleibt er fremd. Reparaturen beginnen im Selbstgefühl.

30 W. Schmidbauer: Helikoptermoral. Empörung, Entrüstung und Zorn im öffentlichen Raum, Edition Kursbuch, Hamburg 2017.

31 Anna-Lena Roth, Thorsten Wiese: Gefahren am Arbeitsplatz – Kugelschreiber sind Todesmaschinen. Der Spiegel, 23. Juli 2014.

32 *Zu fragmentarisch ist Welt und Leben!*
Ich will mich zum deutschen Professor begeben.
Der weiß das Leben zusammenzusetzen,
Und er macht ein verständlich' System daraus;
mit seinen Nachtmützen und Schlafrockfetzen
Stopft er die Lücken des Weltenbaus.
H. Heine: Buch der Lieder, Die Heimkehr, 58.

33 Sebastian Junger: Tribe. On Homecoming and Belonging. Twelve, New York City, USA 2016. Deutsch von Teja Schwaner: Tribe: Das verlorene Wissen um Gemeinschaft und Menschlichkeit. München 2017.

34 J. Hector St. John de Crèvecœur (1735–1813) war ein französischer Adeliger, der während der Auseinandersetzungen zwischen Briten und Franzosen in Kanada als Kartograf diente. Nach der französischen Niederlage ließ er sich in den späteren USA nieder und wurde durch ein viel übersetztes Buch bekannt, die *Briefe eines amerikanischen Farmers,* das zuerst 1982 in englischer Sprache in London erschien. Er war ein entschiedener Gegner der Sklaverei und ein ebenso engagierter Kritiker des Umgangs mit den Indianern.

35 W. Schmidbauer: Das Floß der Medusa. Was wir zum Überleben brauchen. Hamburg 2012.

36 Das Original hieß *Small is Beautiful.* Eine neue deutsche Ausgabe ist 2013 und 2019 im oekom Verlag erschienen.

37 Fotograf Maarten Nauw für die Zeitschrift PERPLEX!, Stichting Herengracht 401, 2019.